Karl Albert
Platonismus

Karl Albert

Platonismus

Weg und Wesen
abendländischen Philosophierens

Umschlaggestaltung: Martin Veicht, Regensburg

Umschlagabbildung: Heratempel in Paestum, Italien, sogenannte Basilika
(großgriechisch, um 550 v. Chr.), Teilansicht: Ecke der Ringhalle, Foto von 1993;
© akg-images/Andrea Jemolo.

Die Deutsche Nationalbibliothek verzeichnet diese Publikation
in der Deutschen Nationalbibliografie;
detaillierte bibliografische Daten sind im Internet über
http://dnb.d-nb.de abrufbar.

Das Werk ist in allen seinen Teilen urheberrechtlich geschützt.
Jede Verwertung ist ohne Zustimmung des Verlags unzulässig.
Das gilt insbesondere für Vervielfältigungen,
Übersetzungen, Mikroverfilmungen und die Einspeicherung in
und Verarbeitung durch elektronische Systeme.

© 2008 by WBG (Wissenschaftliche Buchgesellschaft), Darmstadt
Die Herausgabe dieses Werkes wurde durch die Vereinsmitglieder
der WBG ermöglicht.
Satz: Janß GmbH, Pfungstadt
Gedruckt auf säurefreiem und alterungsbeständigem Papier
Printed in Germany

Besuchen Sie uns im Internet: www.wbg-darmstadt.de

ISBN 978-3-534-21955-1

Inhalt

Vorwort 7

I. Teil: Antike

1. Parmenides und die Verkündigung des Seins 13
2. Die Philosophie des Einen bei Heraklit 20
3. Platons Philosophie der Philosophie 27
4. Der Mittelplatoniker Apuleius 41
5. Plotin als Interpret der Platonischen Philosophie 48
6. Die Systematisierung des Neuplatonismus: Proklos 56

II. Teil: Mittelalter

1. Christentum und Neuplatonismus: Dionysius Areopagita 63
2. Platonismus bei Augustinus 71
3. Meister Eckhart als Platoniker 78
4. Zwischen Platon und Hegel: Nikolaus von Kues 85

III. Teil: Neuzeit

1. Marsilio Ficino und die Platonische Akademie der Medici
   in Florenz 95
2. Die Platonikerschule von Cambridge 102
3. Platonismus und Idealismus 109
4. Platonisches in der Lebensphilosophie Louis Lavelles 118
5. Heidegger und Gadamer über die Philosophie Platons 125

Nachwort. 131

Anmerkungen 133

Namenregister 142

Vorwort

Die Philosophie des Abendlandes ist beherrscht von zwei großen Namen: Platon und Aristoteles. Die vorliegenden Betrachtungen beziehen sich jedoch allein auf Platon und den Platonismus, ohne daß wir deswegen die bedeutenden Verdienste des Aristoteles und seiner Schule verkennen wollen. Sie sind lediglich anderer Art als die der Platoniker. Dieser Unterschied kommt nun recht schön zum Ausdruck auf dem berühmten Raffaelschen Fresko „Die Schule von Athen".

Man erkennt dort neben zahlreichen Gestalten aus der Geschichte der griechischen Philosophie in der Mitte stehend zwei Männer, die durch die Bücher, die sie in den Händen halten, unschwer als Platon und Aristoteles zu identifizieren sind. Beide scheinen miteinander zu diskutieren und offenbar verschiedener Meinung zu sein. Der als ehrwürdiger Greis dargestellte Platon weist, in der linken Hand seinen kosmologischen Dialog „Timaios" haltend, mit der rechten Hand in die Höhe und in den Himmel. Aristoteles wiederum scheint in den mittleren Lebensjahren zu stehen, seine „Ethik" im Arm, und mit der rechten Hand auf die Erde und mit seinem Buch auf die Menschenwelt verweisend. Platons Blick richtet sich eher auf Jenseitiges, der Blick des Aristoteles auf Diesseitiges, obwohl er bekanntlich auch das Göttliche im menschlichen Geist kennt. Das Denken des Aristoteles geht jedenfalls in die Weite und auf das Viele. Es erstreckt sich auf die meist von ihm selbst erschlossenen Gebiete wie Logik, Ethik, Politik, Poetik, Rhetorik, Physik, Psychologie, jedoch ebenso zudem noch auf Metaphysik oder, wie sie bei ihm heißt, auf Erste Philosophie und Theologie (der Begriff der Metaphysik findet sich erst bei den Schülern des Aristoteles). Dagegen geht Platons Denken allein auf das Eine (wie ja auch auf Raffaels Gemälde die Gesten der beiden Philosophen verstanden werden können: der Himmel ist das Eine über dem Vielen, die Erde das Viele unter dem Einen).

Innerhalb der geschichtlichen Entwicklung der abendländischen Philosophie hat sich nun immer mehr die platonische Schule gegen die des Aristoteles durchgesetzt. Als Ausdruck dieses Vorgangs wird gern das Wort des englischen Philosophen und Mathematikers A. N. Whitehead zitiert: „Die sicherste allgemeine Charakterisierung der philosophischen Tradition Europas lautet, daß sie aus einer Reihe von Fußnoten zu Platon besteht."[1] Der englische Philosoph, der ab 1924 an der Harvard-Universität lehrte, gibt zu dieser Charakterisierung folgende Erläuterung, die leider meist fast unbeachtet bleibt: „Damit meine ich nicht das systematische Denkschema, das seine Schüler in fragwürdiger Weise aus seinen Schriften destilliert haben. Vielmehr spiele ich auf den Reichtum an allgemeinen Ideen an, die sich überall in diesen Schriften finden. Seine persönlichen Begabungen, seine Erfahrungsmöglichkeiten in einer großen Phase der Zivilisation, seine Beerbung einer philosophischen Tradition, die noch nicht durch übertriebene Systembildung verhärtet war, haben seine Schriften zu einer unausschöpflichen Quelle des Ideenreichtums gemacht".[2] Das ist indessen nur der eine Aspekt der Wirkung der Platonischen Philosophie. In der Tat ist das, was sich in den Platonischen Dialogen und Briefen (jedenfalls den echten) findet, in vielfacher Hinsicht anregend. Ein zweiter Aspekt ist trotz der Fragwürdigkeit des einen oder anderen Denkschemas mindestens ebenso wichtig: der philosophische Leitgedanke der Platonischen Philosophie. Diesen braucht man nicht zu rekonstruieren oder herauszudestillieren. Er findet sich leicht in den Nachrichten über Platons ungeschriebene Lehre, die „agrapha dogmata", da sie nämlich den Grundgedanken Platons klar zum Ausdruck bringt: die unmittelbar schauende Erkenntnis des Einen und des Seins, des seienden Einen.

Dieser eine Grundgedanke bedingt die Kraft und die Lebendigkeit der Philosophie Platons und der sich auf ihn berufenden Anhängerschaft. Er ist nun aber nicht nur zentral und fundamental für den Platonismus, sondern sogar schon für bestimmte vorplatonische Denkansätze, wie sie sich um 500 v. Chr. bei Parmenides und Heraklit finden. Von ihnen wissen wir, daß sie Bedeutung für die Philosophie Platons und seiner Nachfolger in der Antike, im Mittelalter und in der Neuzeit hatten. Aus diesem Grund haben wir in den beiden ersten Kapiteln der vorliegenden Abhandlung zunächst den Seinsgedanken bei Parmenides, sodann den Begriff des Einen bei Heraklit erörtert.

Das ist einer der wenigen grundsätzlichen Unterschiede gegenüber den unbezweifelten und ausgezeichneten, von Theo Kobusch und Burkhard Mojsisch im Jahre 1997 herausgegebenen Bochumer Vorträgen über „Platon in der abendländischen Geistesgeschichte".[3] Trotz auch unserer Bemühungen um einen Gesamtüberblick versuchen wir darüber hinaus und jedenfalls noch stärker darzulegen, daß der Leitgedanke der Platonischen Philosophie in den einzelnen Kapiteln möglichst sichtbar bleibt. Dabei gibt es in den jeweiligen Epochen erhebliche Unterschiede. Uns geht es nun zwar ebenfalls um Philosophiegeschichtliches, doch wird dies nicht die

Hauptsache sein. Während wir den verschiedenen und unterschiedlichen Schritten und Stufen der Wirkungsgeschichte des Platonischen Denkens nachgehen, suchen wir den Blick auf das rein Philosophische in der Philosophiegeschichte nicht zu verlieren. In den einzelnen Kapiteln zwischen Parmenides und Gadamer treffen wir gewiß ständig auf Zeitbedingtes, unser Ziel aber wird gerade in unseren schnellebigen Jahren darin bestehen, im Zeitbedingten das Überzeitliche des Platonismus zu erfassen, seine ewige Wahrheit.

Bei den Zitaten aus Werken einer mehr als zweitausendjährigen Geschichte haben wir uns um genaue Angaben bemüht, jedoch zugleich auch die Zahl der an das Ende des Bandes gestellten Anmerkungen dadurch zu verringern gesucht, daß wir Stellenangaben aus bestehenden Gesamtausgaben in den laufenden Text selbst genommen haben: so die Vorplatoniker nach Diels-Kranz, Platon nach der Stephanusausgabe, Aristoteles nach Bekker, die Schriften Plotins nach der noch auf die Antike zurückgehenden Enneadeneinteilung, Meister Eckhart nach der inzwischen endlich fast vollendeten großen Stuttgarter Ausgabe der deutschen (DW) und der lateinischen (LW) Werke, Kant nach der bekannten Weischedelschen Ausgabe, Fichte nach der von seinem Sohn hergestellten Gesamtausgabe, Schelling nach der vierzehnbändigen Ausgabe der Gesammelten Werke (GW), Hegel nach der Glocknerschen Jubiläumsausgabe (WW), Friedrich Schlegel nach der Kritischen Ausgabe von Ernst Behler (KA), Jacobi nach den von Roth und Köppen herausgegebenen „Werken", Goethe nach der Hamburger Ausgabe, Schopenhauer nach der Ausgabe von Arthur Hübscher, Nietzsche nach der Kritischen Studienausgabe von Colli und Montinari (KSA), Dilthey nach der von seinen Schülern herausgegebenen Ausgabe der Gesammelten Schriften (GS), Scheler nach der von Maria Scheler und Manfred S. Frings herausgebrachten Ausgabe der Gesammelten Werke (GW).

Zum Schluß danke ich von Herzen der ehemaligen Gießener Privatdozentin Dr. Elenor Jain für ihre Hilfe beim Korrekturlesen, besonders aber für ihre sachkundige Kritik des gesamten Textes.

Köln, am 5. Februar 2008   Karl Albert

I. Teil:
Antike

1. Parmenides und die Verkündigung des Seins

Die griechische Philosophie ist aus der Religion hervorgegangen und aus der mit dieser verbundenen Dichtung. Die Dichter, und zwar insbesondere die Epiker, vor allen anderen jedoch Homer und Hesiod, waren für die Griechen ihre Theologen. Nach Herodot haben Homer und Hesiod den Griechen überhaupt erst ihre Götter gegeben (Hist. II 53), insofern sie nämlich das nur mündlich über die Götter Überlieferte in ihren epischen Gedichten festhielten und deuteten. Deshalb nennt Aristoteles die ältesten Philosophen der Griechen „theólogoi". Als anerkannte Theologen waren die Dichter zugleich auch Pädagogen. So erwähnt Platon Lobredner Homers, „die behaupten, dieser Dichter habe Griechenland erzogen, und bei der Verwaltung und Förderung der menschlichen Angelegenheiten müsse man diesen Dichter zur Hand nehmen, um von ihm zu lernen, und das eigene Leben ganz nach ihm einrichten" (Politeia 606E–607A). Aber nicht nur Theologie und Lebenslehre erwartete man von den Dichtern, sondern sogar schon Philosophie. Schon bei Homer hat man Philosophie gefunden.[4] Ferner beginnt der bekannte Altphilologe und Philosophiehistoriker Olof Gigon (Bern) sein Buch über den Ursprung der griechischen Philosophie mit Hesiod. Bei ihm löse sich durch den Anspruch, die Wahrheit zu lehren, die Philosophie aus der mächtigen Tradition der homerischen Dichtung als etwas völlig Neues ab, die alte Form des Hexameters zwar noch beibehaltend, aber vom Inhalt her unaufhaltsam über sie hinauswachsend und schließlich mit Parmenides endend, „bei dem zuerst derjenige Begriff erscheint, den alle seine Vorgänger gemeint haben und ohne den nach ihm niemand mehr philosophieren kann, der Begriff des Seins".[5]

Parmenides lebte ungefähr um 500 v. Chr. im norditalienischen Elea. Von seinem Werk sind glücklicherweise erhebliche Bruchstücke und teils sogar längere zusammenhängende Abschnitte auf uns gekommen. Das gilt vor allem für den ersten Teil des Werks, von dem wir 32 vollständige Verse besitzen. Die Aphorismen des Heraklitischen Buches waren bekanntlich in Prosa verfaßt und bekämpften die Dichtung aufs heftigste. Das Buch des Parmenides ist dagegen ein Werk der Poesie, der didaktischen Poesie und hüllt sich damit in das altertümlich-feierliche Gewand des hexametrischen

Epos (womit er bei allzu neumodischen Interpreten schon von vornherein auf Kritik stößt).

Dieser erste Teil stellt ein Proömium dar, in welchem der Verfasser in Ich-Form berichtet, was ihm begegnet ist. Er schildert eine Fahrt in einem von Pferden gezogenen Wagen in einen jenseitigen Bereich, an dessen Ende den Angekommenen eine Göttin freundlich aufnimmt, seine rechte Hand ergreift und ihn mit dem Grußwort „Chaire" (Freue dich) anredet und dann fortfährt: „keine schlechte Moira (Fügung) entsandte dich, diesen Weg zu kommen (‚denn fürwahr außerhalb der Pfade der Menschen liegt er'), sondern Themis und Dike (Gesetz und Recht). Nun sollst du alles erfahren, sowohl das unerschütterliche Herz der wohlgerundeten Wahrheit als auch die Meinungen der Menschen, denen keine wahre Zuverlässigkeit innewohnt" (Fragment B 1, 26–30). In diesem letzten Satz liegt schon die Gliederung des Gesamtwerks: einesteils Wahrheit, andernteils Schein. Wir werden uns im folgenden grundsätzlich neben dem Proömium vornehmlich mit dem Wahrheitsteil beschäftigen, jedoch auch einen Blick auf die Problematik des Meinungsteils werfen müssen.

Aber zunächst das Proömium mit der Schilderung der Wagenfahrt in einen jenseitigen Bereich. Es gibt Interpreten, die das Proömium nur als inhaltlich unwichtige, bloß poetisch eingekleidete Vorbereitung auf den Hauptteil verstehen. Es scheint jedoch in Wirklichkeit viel mehr darin zu liegen. Schon Hermann Diels hat die Vermutung ausgesprochen, daß das Bild der Reise zur Göttin Vorbilder habe in der ältesten Religiosität der Griechen, nämlich den Schamanismus. Mehrere moderne Forscher haben dem zugestimmt. Es scheint möglich, daß Parmenides aus uns heute nicht mehr erhaltenen Berichten von schamanistischen Jenseitsfahrten für seine Vorrede geschöpft hat, weil er in der Entrückung der Schamanen eine Verwandtschaft zu dem erblickte, was ihm selber geistig begegnet war: die rasende Auffahrt in einen die Menschenwelt überschreitenden höheren Bereich der Wirklichkeit. Die Reise zur Göttin und die von ihr erhaltene Offenbarung scheint Bild für eine tiefgreifende philosophische Denkerfahrung zu sein, von deren Inhalt, die Erfahrung des Seins, dann der Hauptteil des Parmenideischen Lehrgedichts gehandelt hat.

In diesem Sinne ist das Proömium auch von anderen Interpreten verstanden worden. So faßt Wolfgang Schadewaldt es als Schilderung einer „geistigen Vision" auf, als ein ekstatisches Denkerlebnis des Parmenides: „Was zumal die Erkenntnis dieses Mannes angeht, die man nicht anders schreiben könnte als IST IST und die er selbst kaum ausdrücken kann, so ist sie stark von einer solchen Ekstatik durchdrungen ... Dabei war es eine folgenreiche Grunderkenntnis, die auf solchem ekstatischen Wege gewonnen wurde und dann natürlich auch rein denkerisch-philosophisch erfaßt werden konnte."[6] Etwas anders deutet Werner Jaeger die in der Vorrede beschriebene Fahrt zur seinsoffenbarenden Göttin als „innere Erfahrung des Göttlichen", als „Seins-Erlebnis".[7] In die Nähe der Mystik rückt Hermann Fränkel die Seinsverkündigung der Göttin in der Vorrede des Parmenideischen Gedichts: „Das Sein war nach Parmenides ein bewußtes Sein, und den einzigen, aber vollen Inhalt seines Bewußtseins bildete die Tatsache seiner Existenz. Wir können ihn nicht anders umschreiben als: ‚Ich bin, und ich bin das All-Eine, außer mir ist nichts.' Es bleibt also kein Raum für ein Zweites, kein Raum für einen Jemand, der daneben steht und von diesem Sein Kenntnis nimmt. Vielmehr muß sich Parmenides im Zustand der Erhebung als identisch mit dem Sein erlebt haben: ‚Ich bin das All-Eine.' Darin liegt beschlossen, daß er als Entrückter nicht nur seiner Weltlichkeit und Menschlichkeit ledig geworden ist, sondern auch seiner Individualität und Zeitlichkeit."[8] Fränkel geht sogar so weit, in dem philosophischen Eingangserlebnis des Parmenides die persönliche Erfahrung einer „unio mystica" mit dem wahren Sein zu vermuten und dafür gewichtige Argumente anzunehmen.[9] Dies also zunächst als Hinweis auf die philosophische Bedeutung der im Proömium des Parmenides beschriebenen Auffahrt des „wissenden Mannes" zu der ihm die letzte Wahrheit über das Sein mitteilenden Gottheit. Wer die Begegnung mit ihr religiös verstehen will, sollte sie im Sinne einer philosophischen Religion verstehen.

Was aber wird bei der Auffahrt zur Göttin erfahren? Die Göttin teilt es mit: Erstens „das unerschütterliche Herz der wohlgerundeten Wahrheit", zweitens „die Meinungen der Menschen, denen keine wahre Zuverlässigkeit innewohnt" (Fragment B 1, 29 f.). Am Beginn der Rede der Göttin steht also die Unterscheidung zwischen zwei verschiedenen Arten der Erkenntnis. Diese Unterscheidung gehört zum Wesen der Philosophie.[10]

Nun aber die Wahrheit der göttlichen Offenbarung. Im Fragment B 6, 1 f. lautet sie:

„Es ist nötig zu sagen und zu denken, daß das Seiende ist. Sein nämlich ist,
Nichts aber ist nicht. Das befehle ich dir zu bedenken."
Dazu heißt es dann noch näher:
„Denn es ist unmöglich, daß zwingend bewiesen wird, es sei Nichtseiendes.
Vielmehr halte von diesem Wege des Suchens den Gedanken fern,
und es soll dich nicht vielerfahrene Gewohnheit auf den Weg zwingen,
walten zu lassen das blicklose Auge und das dröhnende Gehör
und die Zunge, sondern mit dem Denken entscheide die umkämpfte Widerlegung aus meinen Worten. Allein bleibt das Wort für den Weg
übrig: daß (das Sein) ist" (B 7–8,2).

Dazu nennt nun die Göttin „viele Merkmale". Nämlich genau vier: Ungewordenheit, Ganzheit, Unerschütterlichkeit, Vollendetheit, die wir jetzt anführen.

Vom ersten dieser Merkmale, der Ungewordenheit des Seins, ist die Rede in den Versen 5–21 des 8. Fragments:

> „Und es war nicht jemals und wird nicht jemals sein, da es jetzt zugleich ganz ist, eines, zusammenhängend. Denn welche Entstehung könntest du für es suchen?
> Wohin, woher gewachsen? Weder ‚aus Nichtseiendem' werde ich dich sagen oder denken lassen. Nicht nämlich zu sagen oder zu denken ist, daß Nicht ist. Und welches Bedürfnis hätte es auch veranlassen sollen, später oder früher, aus dem Nichts beginnend, zu entstehen?
> Also muß es entweder ganz und gar sein oder nicht (sein).
> Noch wird auch die Kraft der Gewißheit jemals zulassen, daß aus einem Nichtseienden
> Etwas anderes entstünde als aus ihm selbst. Deswegen hat weder zum Entstehen
> noch zum Untergehen die Rechtsgöttin (Dike) es (das Sein) freigegeben, es in seinen Fesseln lockernd,
> sondern hält es fest. Die Entscheidung (Krisis) liegt aber in diesem:
> Entweder ist es (das Sein) oder es ist nicht. Aber nun ist entschieden, wie notwendig:
> Den einen (Weg) als undenkbar und unsagbar beiseite zu lassen (nicht nämlich der wahre Weg ist er), den anderen aber zu gehen und daß er der wahre sei (anzunehmen).
> Wie aber könnte dann Seiendes zugrundegehen, wie wohl entstehen?
> Wenn es nämlich entstand, wie ist es dann (seiend), und auch nicht, wenn es danach strebt, seiend zu werden.
> So ist Entstehen erloschen und verschollen Vernichtung."

Das also zum ersten Merkmal, bei dem zum Schluß der existentielle oder lebensbedeutsame Bezug zum Ausdruck gekommen ist. In dem angeführten letzten Vers erblickt Uvo Hölscher den Gedanken der Hoffnung auf Unsterblichkeit des Menschen: „Das Problem des Parmenides war nicht das Problem des Widerspruchs: Wie kann Seiendes werden? Sein Problem war das Vergehen des Lebens, der Tod. Um dieser Frage willen scheint die ganze Ontologie aufgeboten. Von ihr ist die verhaltene Leidenschaft der Sprache genährt, die nirgends sieghafter aus der archaischen Form herausspringt, als wo er, am Ende seines langen syllogistischen Beweisganges verkündet: ‚So ist Entstehen ausgelöscht und verschollen Vergehen.'"[11]

Wenden wir uns nun dem zweiten Merkmal zu: der Ganzheit oder Unteilbarkeit des Seins. Diesmal kommen wir weit schneller ans Ende. Es handelt sich um die Verse B 8, 22–25 mit den folgenden Aussagen über das Sein:

> „Auch geteilt ist es nicht, da es ganz gleichmäßig ist;
> und nicht dort etwas mehr, was es hinderte, zusammenzuhalten,
> oder dort etwas weniger: es ist ganz voll vom Seienden.
> Darum ist es ein zusammenhaltendes Ganzes: Seiendes ist dem Seienden naheliegend."

Hier wird nur noch einmal in konzentrierter Form festgehalten, was ausführlicher sich schon aus den Darlegungen zum ersten Merkmal ergeben konnte. Wenden wir uns lieber gleich dem dritten Merkmal zu: der Unbewegtheit und Unerschütterlichkeit. Das dazu von Parmenides Ausgeführte hat zwei Teile. Wir halten uns zunächst an den ersten Teil, die Verse B 8, 26–33:

> „Und unbewegt in den Grenzen mächtiger Fesseln
> ist es anfanglos, endlos, da Entstehen und Vergehen
> in weite Fernen verschlagen sind. Vertrieben hat sie die wahre Gewißheit.
> Als dasselbe und im selben verharrend, ruht es in sich,
> und so bleibt es unverrückt. Denn die machtvolle Notwendigkeit
> hält es in den Fesseln der Grenze, die es ringsum einschließt,
> weil das Seiende nicht unvollendet sein darf.
> Es ist nämlich ohne Mängel. Nichtseiendes hätte Mangel an allem."

In den letzten Versen liegt schon eine Andeutung des vierten Merkmals, doch beziehen sich die weiteren Verse 34–41 wieder auf das dritte Merkmal mit der wichtigen und schwer zu deutenden Ergänzung über die Identität von Denken und Sein:

> „Dasselbe aber ist es, zu erkennen und das, weswegen Erkenntnis ist (d. h. das Sein).
> Denn nicht ohne das Seiende, in welchem es ausgesprochen ist,
> wirst du das Erkennen finden. Nichts nämlich anderes ist oder wird sein
> außer dem Seienden, weil die Moira es (aneinander) gebunden hat,
> ganz und unbewegt zu sein. Dem wird alles (bloßer) Name sein, was die Sterblichen in der Annahme gesetzt haben, es sei wahr:
> Entstehen und Vergehen, zu sein und nicht (zu sein),
> Ortswechsel und Farbänderung."

Hierzu ist zunächst daran zu erinnern, daß Parmenides keinen Unterschied macht zwischen Sein und Seiendem. Das Sein ist für ihn zugleich das schlechthin Seiende. Das, was wir Heutigen im Sinne der Heideggerschen „ontologischen Differenz" das Seiende nennen, die Dinge in ihrer Vielheit und Vielfalt, ist für Parmenides etwas Nichtseiendes. Hinsichtlich der Einheit von Denken und Sein ist hervorzuheben, daß Denken und Erkennen für Parmenides nicht vom Sein getrennt werden können. Es gibt kein Erkennen, kein noein, ohne Seinsverbundenheit. Dazu paßt auch, was Fragment B 3 festhält: „denn dasselbe ist es, zu denken und zu sein". Ebenso vergleiche man Fragment B 4, 1–2:

> „Schaue jedoch mit dem Geist, wie das Abwesende mit Sicherheit anwesend ist; /denn er wird Seiendes nicht von seinem Zusammenhalt mit Seiendem abtrennen."

Diesen Gedanken hat Jahrhunderte später Plotin wieder aufgenommen (Enn. 1, 8 u. a. m.). Zur These von der Einheit von Denken und Sein vermutet Hermann Fränkel noch, daß Parmenides das Einswerden mit dem Sein in der Weise mystischen Erfahrens konkret im Leben angestrebt habe: „Erst aus einer solchen Intention wird ja auch seine These von der Identität von Sein und Denken erst wirklich verständlich sowie seine Konzeption eines nur sich selbst bewußten Seins."[12]

Nun aber endlich die Vollendetheit als das vierte Merkmal des Seins (B 8, 42–49):

> „Aber weil eine Grenze zuäußert ist, so ist es (immer schon) vollendet,
> von allen Seiten, der Masse einer wohlgerundeten Kugel.
> Von der Mitte aus nach allen Seiten hin gleich, denn es darf
> weder da etwas größer, noch da etwas kleiner sein.
> Denn weder gibt es Nichtseiendes, das es verhinderte zu gelangen
> zur Einheit, noch gibt es Seiendes von der Art, daß es gegenüber Seiendem
> dort mehr, dort weniger seiend wäre, weil es ganz unversehrt ist.
> Denn mit sich selbst von allen Seiten her gleich, ist es in seinen Grenzen
> gleichmäßig seiend."

An dieser Stelle beendet Parmenides seinen Bericht über die ihm von der Göttin mitgeteilte Wahrheit. Die weiteren Teile des Lehrgedichts beschäftigen sich dann mit der Unwahrheit, den falschen Meinungen der Menschen – wirklich der merkwürdigste Aufbau einer Lehre.

Über diese ungewöhnliche Gliederung hat sich der junge Nietzsche, Anhänger der Werdephilosophie Heraklits, seine Gedanken gemacht und sie kritisch auf die Lebens- und Denkgeschichte des Parmenides zurückgeführt: den ersten Teil auf seine Altersphilosophie, den zweiten Teil auf die Philosophie des jungen Denkers: „Parmenides hat, wahrscheinlich erst in seinem höheren Alter, einmal einen Moment der allerreinsten, durch jede Wirklichkeit ungetrübten und völlig blutlosen Abstraktion gehabt; dieser Moment – ungriechisch wie kein andrer in den zwei Jahrhunderten des tragischen Zeitalters – deren Erzeugniß die Lehre vom Sein ist, wurde für sein eignes Leben zum Grenzstein, der es in zwei Perioden trennte …

Doch scheint er nicht alle väterliche Pietät gegen das kräftige und wohlgestaltete Kind seiner Jugend verloren zu haben, und er half sich deshalb zu sagen: ‚Zwar giebt es nur einen richtigen Weg; wenn man aber einmal auf einen andern sich begeben will, so ist meine ältere Ansicht, ihrer Güte und Consequenz nach, allein im Recht'" (KSA 1, 836). Der erste Teil enthält die Philosophie des Parmenides, die Lehre vom Sein, der zweite Teil ist im Sinne der Heideggerschen Terminologie eine Lehre vom Seienden und stellt eine Vorform dessen dar, was wir heute zur Wissenschaft zählen. Dieser zweite Teil des Lehrgedichts scheint (etwa im Stil der „Theogonie" Hesiods und natürlich in Konkurrenz zu ihr) eine umfassende Welterklärung in Gestalt einer Lehre von der Entstehung der Welt gewesen zu sein. Leider besitzen wir davon nur wenige, meist kürzere Zitate (Fragment B 8, 50–61 und Fragmente B 10–19). Da es uns hier allein um das Philosophische geht, brauchen wir auf den nichtphilosophischen Teil nicht näher einzugehen.

Philosophisch und philosophiegeschichtlich ist das Lehrgedicht des Parmenides von höchster Bedeutung. Olof Gigon bezeichnet, gewiß auch im Blick auf Heideggers „Sein und Zeit", den Parmenideischen Seinsbegriff als den „Begriff, den alle seine Vorgänger gemeint haben und ohne den nach ihm niemand philosophieren kann".[13] Paul Ricœur ist derselben Ansicht, wenn er schreibt: „Der ‚Cantus firmus' des Seins und des Seinsgedankens ist seit den Griechen und bis auf unsere Tage nicht verstummt, weil er fundamentaler ist als alle schulmäßige Verschiedenheit."[14] So sieht es auch der protestantische Theologe Paul Tillich im Vertrauen auf die Leistung der Sprache. „Philosophie ist also das Wort vom Sein, das Wort, das das Sein ergreift, seine Natur offenbar macht und es aus seiner Verborgenheit ins Licht der Erkenntnis führt. Die Ontologie ist das Zentrum aller Philosophie."[15] Der französische Philosoph Louis Lavelle hat in Weiterführung des Cartesischen Ansatzes beim „Cogito, ergo sum" dargelegt, daß das Sein der unmittelbaren Selbsterfahrung zugänglich ist, und dabei wieder an Parmenides angeknüpft.[16]

Die Vertiefung und Ausweitung dieser Erfahrung, sogar in den Bereich des Moralischen, Religiösen und Politischen, scheinen sodann die wichtigsten Aufgaben einer traditionsbewußten europäischen Philosophie zu sein.[17]

2. Die Philosophie des Einen bei Heraklit

Um 500 v. Chr. beginnt die klassische Zeit der griechischen Kultur, und in dieser Zeit standen sowohl Parmenides als auch Heraklit auf der Höhe ihres Lebens und Denkens. Die Griechen griffen damals über die Grenzen des alten Europa am Marmarameer hinaus und gründeten Pflanzstädte in Kleinasien. In einer dieser griechischen Kolonien ist Heraklit geboren: in der damaligen an der Westküste des alten Asien gelegenen mächtigen Handelsstadt Ephesos, berühmt durch ihren gewaltigen Artemistempel. Die Familie Heraklits gehörte zu einem alteingesessenen vornehmen Geschlecht, das sich auf den Stadtgründer Androklos zurückführte, der wiederum Sohn des Königs Kodros von Athen gewesen sein soll. Das Geschlecht Heraklits besaß das Vorrecht, den königlichen Opferpriester der eleusinischen Demeter zu stellen. Zugunsten seines Bruders soll Heraklit auf das ihm zustehende Amt verzichtet haben. Seine Blütezeit, also das 40. Lebensjahr nach griechischen Vorstellungen, soll in der 69. gezählten Olympiade gelegen haben, d. h. in den Jahren zwischen 504–501 v. Chr. Das von ihm wahrscheinlich in Aphorismenform verfaßte Buch hat er nach antiken Berichten im Tempel der Göttin Artemis niedergelegt. Von seinem Leben wissen wir überhaupt wenig Verläßliches. Sein Todesjahr ist unbekannt.

Heraklit war wahrscheinlich der erste, der von Philosophen, nämlich von „weisheitsliebenden Männern" (gr. philósophoi ándres), gesprochen zu haben scheint.[18] Es ist allerdings nicht leicht zu verstehen, was er damit gemeint hat. Sein verlorengegangenes Buch, das vermutlich zunächst keinen Titel trug, enthielt anscheinend viele Sätze über die Natur, so daß man dem Werk schon bald den Titel „Über die Natur" (Perì phýseos) gab. Schon im Altertum galt das Werk als schwerverständlich und sein Verfasser als „der Dunkle" (skoteinós). Wir aber, die wir lediglich die Ausgabe der von Diels und Kranz gesammelten Bruchstücke des Werks besitzen, suchen vergeblich nach dem gemeinsamen Sinn des auf uns Gekommenen. Für unsere jetzige Absicht genügt es aber, wenn wir uns im folgenden allein an diejenigen Zeugnisse halten, welche die Eigenart von Heraklits ganz unsystematischen Äußerungen zum Wesen seines Philosophierens unserem Verständnis näherbringen könnten.

Nun aber etwas zum Inhalt: Die griechische Philosophie hat sich, wie schon im Parmenideskapitel erwähnt, in der Auseinandersetzung mit der Religion der Griechen entwickelt. Die theoretische Grundlage der griechischen Religion, gewissermaßen ihre Theologie, bestand in den von den Dichtern festgehaltenen und zur Sprache gebrachten Mythen über die Götter. So schreibt Herodot, daß Homer und Hesiod den Griechen ihre Götter, deren Herkunft, ihre Eigenschaften, ihre Tätigkeiten und ihr Aussehen dargelegt hätten (Hist. II 53). Auch Heraklit bezieht sich auf eine vergleichbare Vorstellung, meint dies allerdings, da er die „Vielen" verachtet, kritisch: „Lehrer der meisten aber ist Hesiod" (Fragment B 57 Diels-Kranz). In seiner Dichterkritik geht Heraklit jedoch noch weiter: „Homer verdient aus den Agonen hinausgeworfen und ausgepeitscht zu werden und ebenso Archilochos" (Fragment B 42).

Den Dichtern stellt Heraklit die Philosophen gegenüber. Im Fragment B 35 bei Diels-Kranz wird wohl, wie bereits erwähnt, erstmals in der Geschichte des griechischen Denkens der Philosophiebegriff verwandt, allerdings nur in adjektivischer Form. Es heißt dort nämlich: „gar vieler Dinge kundig müssen weisheitsliebende Männer (philósophoi ándres) sein." Allerdings stößt man bei der Interpretation dieses Fragments bald auf Schwierigkeiten, denn es verbindet sich nicht ohne weiteres mit anderen Aussagen Heraklits. Im 40. Fragment der Diels-Kranzschen Ausgabe scheint er sich nämlich selbst zu widersprechen, wenn er sagt, „Vielwisserei lehrt nicht, Vernunft zu haben (polymathíe nóon échein oú disdáskei). Offenbar geht es Heraklit aber nicht, wie sich aus anderen Fragmenten ergibt, um literarisches oder naturwissenschaftliches Wissen, also nicht um Gelehrtenwissen, sondern um aus dem Leben gewonnene Erfahrungen, um aus dem Leben gewonnenes Weisheitswissen. Diese Deutung kann sich durchaus mit dem griechischen Begriff der „historia" verbinden, der sich auf „Erkundung" und „Kunde" schlechthin bezieht.

In der Bemühung um ein Verständnis des Heraklitischen Aphorismen kommen wir ein Stück weiter, wenn wir das Fragment B 101 hinzunehmen. Es besteht wohl nur aus zwei Wörtern (edizesámen emeoutón), die recht verschieden übersetzt worden sind: „Ich erforschte mich selbst" oder „ich befragte mich selbst" oder sogar, sehr modern, „ich suchte mich selbst". Diogenes Laertios umschreibt das Wort Heraklits folgendermaßen: „Er war niemandes Schüler, aber er sagte, er habe sich selbst befragt und alles von sich selbst her gelernt" (IX 5). Nietzsche wiederum verbindet den kurzen Text sofort mit der berühmten Inschrift, die am Eingang des Apollontempels von Delphi gestanden haben soll, und damit mit dem Gedanken der Selbsterkenntnis, die unmittelbar zu der Aussage Heraklits gehöre: „„Mich selbst suchte und erforschte ich' sagte er von sich, mit einem Worte, durch das man das Erforschen eines Orakels bezeichnet: als ob er der wahre Erfüller und Vollender der delphischen Satzung ‚Erkenne dich selbst' sei, und Niemand sonst" (KSA I 835). Wir stehen damit vor einem zentralen Thema der griechischen Philosophie. Christian Göbel (Rom) hält es sogar für das zentrale Thema der griechischen Philosophie überhaupt und bezeichnet dieses „Urwort der griechischen Philosophie" als den auch heute noch geltenden „Ausgangspunkt alles Nachdenkens und aller weiteren Erkenntnis".[19] Wenn wir diesen Gedanken festhalten, so müssen wir zu einem ganz anderen Philosophiebegriff gelangen. Zur Philosophie gehört dann vor allem anderen eine Wendung nach innen. Philosophie wird damit zu einer Sache der Innerlichkeit und ist damit weit von aller naturwissenschaftlichen und soziologischen Betrachtungsweise entfernt und ihr überlegen.

An dieser Stelle kommen wir ein Stück weiter, wenn wir Fragment 1 der Diels-Kranzschen Sammlung von Vorsokratikertexten hinzuziehen. In deutscher Übersetzung lautet es in der Diels-Kranzschen Ausgabe: „Für der Lehre Sinn aber, wie er hier vorliegt, gewinnen die Menschen nie ein Verständnis, weder ehe sie ihn vernommen noch sobald sie ihn vernommen. Denn geschieht auch alles nach diesem Sinn, so gleichen sie doch Unerprobten, so oft sie sich erproben an solchen Worten und Werken, wie ich sie erörtere, nach seiner Natur ein jegliches zerlegend und erklärend, wie es sich verhält …" Diese Übersetzung ist zwar sehr bekannt, muß aber in mehreren Punkten korrigiert werden, da sie sonst unverständlich ist. Es ist zum Beispiel gleich zu Beginn unverständlich, daß der für Heraklit so wichtige Begriff des „logos" hier nicht als fester philosophischer Terminus bei Heraklit aufgefaßt wird und deshalb mit „Sinn" unübersetzt bleibt. Auch paßt eine so belanglose Wendung wie „wie er hier vorliegt" nicht in den Stil der Verkündigung eines Weisheitswortes. Ich schlage daher eine ganz andere und dem griechischen Wortlaut nähere Übersetzung vor (von „Lehre" ist ohnehin bei Heraklit nicht die Rede): „Für den Logos, diesen immerseienden, haben die Menschen kein Verständnis, weder bevor sie von ihm gehört haben noch nachdem sie von ihm gehört haben. Denn obwohl alles nach diesem Logos geschieht, gleichen sie Unerfahrenen, obwohl sie solche Worte und Taten erfahren, wie ich darlege, ein jegliches nach seiner Natur unterscheidend und sagend, wie es sich verhält. Den übrigen Menschen aber ist verborgen, was sie nach dem Erwachen tun, so wie es ihnen ebenso im Traum verborgen ist" (ähnlich drückt übrigens das 72. Fragment sich aus: „das, mit dem sie am meisten umgehen, dem Logos, dem das Ganze Verwaltenden, mit dem entzweien sie sich, und das, auf das sie jeden Tag stoßen, das scheint ihnen fremd").

Gleich zu Beginn fällt schon ein für das Denken Heraklits grundlegendes Wort. Was mit ihm gemeint ist, läßt sich nicht ohne weiteres erkennen, erst recht nicht mit Hilfe des etymologischen Wörterbuchs, auf das z. B. Heidegger sich bezieht und dabei zu der ans Lächerliche grenzenden Übersetzung gelangt: die „lesende Lege" (!). Man sollte das Wort deshalb zunächst unübersetzt lassen und seinen Sinn aus dem Kontext zu erschließen suchen. Nach dem obigen Text ist der Logos etwas, nach dem alles Geschehen bestimmt wird, also doch wohl ein Prinzip des Weltgeschehens. Dieses Prinzip ruht zugleich in der unendlichen Tiefe der Seele, denn im 45. Fragmente heißt es: „Die Grenzen der Seele kannst du im Gehen nicht herausfinden, selbst wenn du jegliche Straße abschrittest: so tief ist ihr Logos." Höchst bedeutsam ist dann das 50. Fragment: „Für die, die nicht auf mich, sondern auf den Logos hören, ist weise, in Übereinstimmung mit dem Logos zu sagen (homologein), alles sei eins." Der Satz „alles ist eins" stellt freilich nicht nur den Ausdruck eines zentralen Gedankens bei Heraklit dar, sondern gehört geradezu wesenhaft zum philosophischen Denken schlechthin. In umschriebener Weise findet Nietzsche den Satz sogar schon bei Thales angedeutet, einem der sagenhaften „sieben Weisen" der Griechen. Es handelt sich bei diesem Satz weit umfassender um ein metaphysisches Axiom, das „seinen Ursprung in einer mystischen Intuition hat, und dem wir bei allen Philosophien, sammt den immer erneuten Versuchen, ihn besser auszudrücken, begegnen" (KSA I 813). Im Blick auf diesen mystischen Ursprung der Philosophie erscheint deshalb nach Nietzsche „der Ausdruck jeder tiefen philosophischen Intuition durch Dialektik und wissenschaftliches Reflektieren zwar einerseits das einzige Mittel, um das Geschaute mitzuteilen, aber ein kümmerliches Mittel, ja im Grunde eine metaphorische, ganz und gar ungetreue Übertragung in eine verschiedene Sphäre und Sprache" (KSA I 817). Wir werden diese außergewöhnliche These Nietzsches in den späteren Kapiteln unseres Buches immer wieder bestätigt finden.

Nun aber wieder zurück zu unseren Betrachtungen über Heraklit selbst und seine Lehre von der Einheit der Dinge und ihrer Gegensätze, auf die er mehrfach zurückkommt. Dazu hat Werner Jaeger festgehalten: „Die Einheit aller Dinge ist sein A und O" oder (unter Heranziehung noch anderer Fragmente) genauer: „die Lehre von der Einheit der Gegensätze."[20] Ein letztes Logos-Fragment, nämlich das 72., nimmt wieder Gedanken aus dem schon erwähnten ersten Fragment auf: „Mit dem Logos, mit dem sie doch am meisten beständig umgehen, mit dem entzweien sie sich, und das, auf daß sie täglich stoßen, das scheint ihnen fremd."

Kehren wir jetzt noch einmal zum ersten Fragment zurück. Mit diesem

Text trennt sich Heraklit zugleich von den übrigen Menschen. Man kann das rein soziologisch auffassen, als ob Heraklit sich der Masse der Menschen, den „Vielen" (den „polloí") überlegen fühlte und sich deshalb von ihnen trennen wolle. Dazu gibt es bei Heraklit auch noch andere Belege, etwa das Fragment 29, wo den Besten (áristoi) die Vielen (polloí) gegenübergestellt werden: Die Besten suchen ewigen Ruhm, „die Vielen aber liegen da vollgefressen wie das Vieh". Es liegt aber in unserem Fragment 1 noch mehr darin, denn Heraklit trennt sich von der Menge der Mitmenschen als der sich auf den Logos verstehende und sich auf ihn zu berufen imstande seiende Philosoph. Der Kölner Phänomenologe Klaus Held zieht aus unserem Text eine allgemeine philosophische und philosophiehistorische Konsequenz, indem er hier von der „Selbstunterscheidung des beginnenden Denkens vom vorphilosophischen Leben" spricht.[21] Das ist in dieser hübschen und einprägsamen Formulierung durchaus einleuchtend. Aus dem Heraklitischen Text ergibt sich aber noch mehr: Da nämlich schon gesagt wurde, wie es zu dieser Selbstunterscheidung kommt: aus der Zuwendung nach innen: „Ich befragte mich selbst." Das allerdings bedeutet nun zugleich die Selbstunterscheidung einer beginnenden Philosophie der Innenwelt von den ganz auf die Außenwelt bezogenen Denkweisen, die nicht nur charakteristisch sind für die „Vielen" Heraklits, die Alltagsmenschen, sondern gerade auch typisch sind für bestimmte philosophische Richtungen, die sich gerade in unserer Gegenwartsphilosophie immer mehr in den Vordergrund geschoben haben und die heute fast alles, was als Philosophie gilt oder gelten will, beherrschen. Es wäre aber völlig irrig, einer Philosophie der Innenwelt den Weltcharakter abzusprechen. Das ergibt sich schon aus dem zuvor angeführten Satz „alles ist eins", den Heraklit auf den Logos zurückgeführt hatte. Auf die Verwandtschaft des Logosbegriffs mit dem altindischen Begriff des Atman hat Hermann Fränkel hingewiesen: „Sowohl die Inder wie Heraklit verkünden die Gemeinschaft zwischen dem Urgrund des Alls und dem Kern unseres Ich … Die latenten Regeln werden zu offenkundigen Regeln des Alltags sobald wir beginnen … unser Dasein in jedem Stück bewußt als einen Sonderfall des Weltdaseins zu empfinden."[22] Der einsame und von den Vielen abgeschiedene Logos stellt nun aber eine ethische Forderung, die im Fragment 2 zum Ausdruck kommt (ich folge hier wieder der Übersetzung bei Diels-Kranz): „Daher ist es Pflicht, dem Gemeinsamen zu folgen. Aber obwohl der Logos gemeinsam (xynós, koinós) ist, leben die Vielen, als hätten sie eine eigene Einsicht (idía phrónesis)." Wie man zu leben hat, sagt demnach der welthafte, gemeinsame, in der unausschöpfbaren Tiefe der Seele liegende Logos, nicht jedoch das egoistische, „idiotische" und banausische Denken und Wissen der Vielen. Die Sicht auf das im Logos ruhende Gemeinsame ist daher gerade das Trennende, da es das philosophische Denken von dem Denken der dem Logos entfremdeten Vielen unterscheidet.

Bisher haben wir noch nicht von der Lehre Heraklits gesprochen, die fast immer als das Wichtigste bei ihm verstanden worden ist und in dem Satz „pánta rhei" („Alles fließt") eine prägnante Form gefunden hat. Dieser Satz findet sich freilich erst im 3. nachchristlichen Jahrhundert bei Diogenes Laertios. Wörtlich gibt es entsprechende Texte vor allem im Fragment 12: „Denen, die in dieselben Flüsse hineinsteigen, strömen andere und wieder andere Wasserfluten zu." Und im Fragment 91: „Man kann nicht zweimal in denselben Fluß steigen." Diese Lehre vom ständigen Fluß und der Veränderung aller Dinge hat man als Lehre vom Werden der Lehre vom Sein gegenübergestellt, die sich erstmals bei Parmenides von Elea findet (von dem im ersten Kapitel die Rede war). Der junge Nietzsche hat das Auftreten der Heraklitischen Lehre vom Werden einem „göttlichen Blitzschlag" verglichen: „Das Werden schaue ich an, ruft er, und niemand hat so aufmerksam diesem ewigen Wellenschlage und Rhythmus der Dinge zugesehen" (KSA 1,822). Von da an durchzieht die Geschichte der abendländischen Philosophie der Gegensatz von Sein und Werden. Wir dürfen aber in diesem Zusammenhang nicht vergessen, daß für Heraklit der Gedanke des Einen zentral ist, wie er sich aus der Begegnung mit dem Logos ergibt. Heraklit hat hier der Nachwelt einiges zu denken und zu klären hinterlassen.

Das gilt nun ebenso für das Fragment 115: „Der Seele ist der Logos eigen, der sich selbst vermehrt." Wenn „logos" mit „Sinn" übersetzt wird, wie das bei Diels-Kranz vorliegt, so dürfte wenig gewonnen sein. Vom Logos und der Seele war immerhin auch schon im 45. Fragment die Rede, doch sind beide Fragmente inhaltlich so weit voneinander entfernt, daß aus ihnen sich nur äußerst wenig für das Verständnis des 115. Fragments zu ergeben scheint. Einen zur Not brauchbaren Sinn ergibt eine psychologische Deutung, nach welcher der Mensch in seinem Wachsen vom Kind zum Erwachsenen ständig Lernprozesse durchlebt, die sich immer weiter vermehren, so daß damit ein Wachstum der Seele geschieht. Aber mehrt sich dadurch auch der Logos der Seele? Vielleicht dringen wir weiter vor, wenn wir einmal vom Standpunkt des Philosophierenden ausgehen. Indem ein solcher dem allem Geschehen zugrundeliegenden Logos nachsinnt, entdeckt er in seiner Seele (vgl. dazu Fragment B 101: „Ich befragte mich selbst") etwas, dessen Wirken immer stärker in ihm selbst wirkt und mächtiger in ihm wird.[23] Ein Hegelianer würde wohl bei dieser Form des Werdens an die Lehre von der Selbstbewegung des Begriffs denken, zu welcher der Hegelsche Satz in besonderer Weise gelten dürfte: „es ist kein Satz des Heraklit, den ich nicht in meine Logik aufgenommen" (SW 17, 344).

Dies also hier zu Heraklit, dem einsamen und dunklen griechischen Weisen, der als erster das Wort „philosophisch" zur Bezeichnung einer bestimmten Weise des menschlichen Denkens benutzte, das dann zur Ausbildung eines festen Terminus geführt hat und der in der Folgezeit zur wissenschaftlichen Disziplin der Philosophie entwickelt worden ist, die dann bis heute noch, wenngleich nicht selten verblasst oder sogar mißbraucht, weiterwirkt. Gerade heute muß man leider mit Hegel klagen: „nur Philosophie gilt, die keine ist" (GS 19, 609). Es ist höchste Zeit, daß wir gegenüber solcher Fehlentwicklung nicht resignieren, sondern uns wieder ernsthaft auf unser europäisches Erbe besinnen und die zweieinhalb Jahrtausende der lebendigen Geschichte unseres Denkens im Gedächtnis behalten. Das sind wir nicht nur Heraklit aus Ephesos schuldig.

Zum Schluß noch eine kurze Erinnerung an die Geschichte der neuzeitlichen Heraklitforschung. Sie beginnt mit Schleiermachers Buch „Herakleitos der Dunkle, von Ephesos, dargestellt aus den Trümmern seines Werkes und den Zeugnissen der Alten" (1807–08) und Hegels „Vorlesungen über die Geschichte der Philosophie" mit der berühmten Heidelberger Vorrede von 1816. Der Hegelkenner und Arbeiterführer Ferdinand Lassalle deutete dann 1858 Heraklit als sozialistischen Revolutionär („Die Philosophie Herakleitos' des Dunklen"). Und 1872 vollendet Nietzsche das erst im Nachlaß erschienene Manuskript „Die Philosophie im tragischen Zeitalter der Griechen", worin die Abschnitte über Heraklit einen Höhepunkt darstellen (KSA I 822–83).

3. Platons Philosophie der Philosophie

Nach den „Vorsokratikern" Parmenides und Heraklit, die man besser als „Vorplatoniker" bezeichnet, kommen wir jetzt zu Platon, auf den alles Frühere vorbereitet und von dem alles Spätere ausgeht. Den Seinsbegriff übernimmt Platon von Parmenides, den Begriff der Einheit jedoch von Heraklit.

Ähnlich wie bei verschiedenen Vorplatonikern wie bei Xenophanes, der vermutlich Lehrer des Parmenides war, und bei Heraklit, findet sich bei Platon eine scharfe Kritik der Dichtung und der Mythen der Dichter. Zwischen der Poesie und der Philosophie gebe es einen alten Streit (Politeia 607B). Im zweiten Buch des Dialogs über den Staat führt Platon in allen Einzelheiten vor, was er von den von Homer und Hesiod über die Streitigkeiten der Götter erzählten Mythen hält (377C–378E).

Wenn man Platon verstehen will, muß man einerseits auf seine Vorgänger und insbesondere auf Parmenides und Heraklit zurückblicken, andererseits aber vorausblicken auf die Wirkung der Platonischen Philosophie in der Folgezeit. Für Platon und die spätere Philosophiegeschichte wird deshalb mit Recht immer wieder das Wort des englischen Philosophen und Mathematikers Whitehead zitiert, die abendländische Philosophie sei lediglich „eine Reihe von Fußnoten zu Platon". In der Tat kommt mit Platon die Philosophie überhaupt erst eigentlich zu sich selbst. Er hat ihr den Namen gegeben und als erster über ihr Wesen nachgedacht. Gerade in den Schriften seiner mittleren Schaffensperiode wird ständig über die Philosophie philosophiert, insbesondere in der „Politeia", im „Symposion" und im „Phaidros". Wir greifen unter diesem Aspekt aus den genannten Dialogen einige charakteristische Stellen heraus, müssen jedoch zuvor ein verbreitetes Mißverständnis des Platonischen Philosophiebegriffs beiseite schaffen.

I

In der üblichen Verdeutschung des Wortes „Philosophie" heißt es gewöhnlich, Philosophie sei Liebe zur Weisheit. Unter „Liebe" wird dabei soviel wie „Streben" verstanden. In diesem Sinne wird dann auch der Platonische Philosophiebegriff verstanden. Philosophie sei also nicht Weisheit (sophía), sondern nur das Streben danach (philo-sophía).

So schreibt der erst vor wenigen Jahren verstorbene und vor allem durch seine Bücher über Platon und Thomas bekanntgewordene Josef Pieper: „Die Worte ‚Philosophie' und ‚Philosoph' hat nach der Legende ... Pythagoras geprägt – und zwar in betonter Entgegensetzung gegen die Worte sophia und sophos: kein Mensch sei weise und wissend, weise und wissend sei Gott allein. Und so könne der Mensch sich höchstens einen die Weisheit liebend Suchenden nennen: einen philosophos."[24] Daraus ergibt sich nun für Pieper, wobei er diesen Philosophiebegriff auf die Philosophie im allgemeinen ausdehnt, „daß wir das Wissen, die Weisheit, worauf das philosophische Fragen zielt, nicht ‚haben', und zwar, daß wir sie nicht vorläufig und zufällig nicht haben, sondern daß wir sie prinzipiell nicht haben können; daß es sich hier um ein ewiges Noch-nicht handelt."[25]

Auch in der Heideggerschule hat sich dieser Philosophiebegriff durchgesetzt. Der Heidegger-Thomist J. B. Lotz bezieht sich auf die Übersetzung von Philosophie als Liebe zur Weisheit und fährt dann fort: „Damit wird angedeutet, daß der Mensch das letztgültige Verstehen von allem, was mit Weisheit gemeint ist, nie vollendet besitzt, sondern immer nur sehnsuchtsvoll darum ringt."[26]

In ähnlichem Sinne bemerkt der Gadamerschüler und Heideggeranhänger Karl-Heinz Volkmann-Schluck zu dem in Rede stehenden Begriff der Philosophie: „Sie besteht nicht im Anwesendhaben des Gewußten, sondern ist eher ein unaufhörliches Sich-auf-den-Weg-Machen und ein Auf-dem-Weg-Bleiben. Dem Menschen ist nicht die sophia selbst beschieden, sondern er hat nur an ihr teil, wenn er sich auf die Suche begibt und auf der Suche bleibt. Seit Plato ist das Denken des Seins ein erkennendes Streben nach allem grundgebenden Unbegründbaren. Die Geschichte der Philosophie ist die Geschichte dieses erkennenden Strebens."[27]

Der Existenzphilosoph Karl Jaspers, der in Platon schlechthin den „Gründer des Philosophierens" sieht, hat folgende Erklärung zum Philosophiebegriff gegeben: „Das griechische Wort Philosoph (philosophos) ist gebildet im Gegensatz zum Sophos. Es heißt der die Erkenntnis (das Wissen) Liebende im Unterschied von dem, der im Besitz der Erkenntnis sich einen Wissenden nannte. Dieser Sinn des Wortes besteht bis heute: das Suchen der Wahrheit, nicht der Besitz der Wahrheit ist das Wesen der Philosophie .... Philosophie heißt: auf dem Wege sein. Ihre Fragen sind wesentlicher als ihre Antworten, und jede Antwort wird zur neuen Frage."[28]

Das klingt ja alles sehr einleuchtend und darüber hinaus auch sympathisch, weil es sich so bescheiden anhört. Aber entspricht es auch dem Sinn des griechischen Wortes? Ist Philosophie bei Platon wirklich als ein unaufhörliches, endloses und uferloses Streben gedacht? Der bedeutende Philologe Walter Burkert, dem ich hier folge, hat dies ganz anders gedeutet.[29] Es gibt im Griechischen viele Wörter, die wie „philosophia" zusammengesetzt sind. So ist ein „philósitos" ein Liebhaber des Essens, ein Mensch, der gerne ißt. Keineswegs strebt er bloß nach dem Essen, ohne es jemals zu bekommen. Vielmehr will er sein Essen nicht nur haben, sondern es auch genießen. Ebenso ist ein „philoxenos" ein gastfreundlicher Mensch, der gerne Gäste hat, nicht bloß danach strebt. Ein „philippos", zusammengesetzt aus „philos" und „hippos", ist ein Pferdeliebhaber, dem es aber nicht genügt, sich unerfüllbar nach Pferden zu sehnen, während er in Wirklichkeit gerne mit Pferden umgeht, etwa auf ihnen reitet. Und Entsprechendes gilt dann natürlich auch für den „philo-sophos". Ihm geht es um den ständigen und lebendigen Umgang mit der Weisheit, der „sophia", die er also nicht nur erstrebt.

Allerdings gibt es bei Platon Stellen, in denen zwischen der „sophia" und der „philosophia" unterschieden wird. Der bekannteste Text findet sich im Dialog „Phaidros" (278D). Sie lautet: „Jemand einen Wissenden (sophós) zu nennen, ... scheint mir etwas Großes zu sein und Gott allein zuzukommen, ihn aber einen Wissensfreund (philósophos), mag sowohl ihm selbst passender sein als auch schicklicher." Spricht das nicht doch für die, die unter der Philosophie das unentwegte unerfüllbare Streben nach Weisheit, niemals endgültige Erkenntnis verstehen?

Ein vergleichbarer Text findet sich im „Symposion", dem wohl schönsten der Platonischen Dialoge. Darin halten verschiedene Teilnehmer eines Trinkgelages Reden auf den Gott Eros. Unter diesen Reden ist die philosophisch wichtigste die des Sokrates. Dieser berichtet in seiner Rede von der Begegnung mit der Priesterin Diotima, die ihn dann folgendes über das Wesen der Philosophie lehrt: „Keiner der Götter philosophiert oder begehrt, weise zu werden. Er ist es nämlich. Noch philosophiert ein anderer, wenn er weise ist. Auch die Unwissenden philosophieren weder, noch begehren sie, weise zu werden" (204A). Auf die Frage des Sokrates, wer denn nun philosophiere, antwortet die Priesterin: „Das ist doch schon einem Kinde klar, daß es die zwischen beiden sind. Von diesen ist einer auch der Eros" (204B). So erscheint dann der Liebesgott Eros als Bild für den Philosophen und das philosophische Denken. Diotima hält daher fest: „Daher ist Eros notwendig Philosoph. Als Philosoph aber ist er zwischen einem Weisen und einem Unwissenden" (204B). Eros ist demgemäß ein Zwischenwesen. Was aber bedeutet dieses „Zwischen"? Soll damit nur gemeint sein, er sei ein Mittelding zwischen den weisen Göttern und den unwissenden und unweisen Menschen? Dieser Frage müssen wir nachgehen, denn in der Deutung des Begriffs dieses „Zwischen" liegt die Entscheidung über das Verständnis des Platonischen Philosophiebegriffs. Wenn wir in diesem Punkte hier weiterkommen wollen, müssen wir uns mit einem früheren Abschnitt der Sokratesrede beschäftigen, in der Sokrates sich noch mit seinem Vorredner Agathon auseinandersetzt.

II

Im ersten Teil seiner Erosrede hatte Sokrates der These Agathons widersprochen, nach der Eros ein „großer Gott" sei (202B mégas theós). Dem stellt Sokrates, belehrt durch die Priesterin Diotima, die These entgegen, Eros sei überhaupt kein Gott, sondern nur ein halbgöttliches Wesen, ein Dämon, und zwar ein großer Dämon, ein „daímon mégas". Als solcher aber gehöre Eros eben nicht zu den Göttern, sondern sei etwas zwischen Gott und den Sterblichen, den Menschen (202DE).

Worin aber besteht die Eigenart dieser Zwischenwesen? Welche Bedeutung haben sie für uns? Was ist ihre Funktion? Die Antwort ist: „zu dolmetschen und hinüberzubringen den Göttern, was von den Menschen kommt; die Gebete und Opfer von den einen, von den anderen aber Befehle und Gegengaben für die Opfer" (202F). Die Zwischenwesen der halbgöttlichen Dämonen, zu denen in unserem Falle der Eros gehört, leisten also durch diesen zwischen den Göttern und den Menschen die Dienste eines Dolmetschers (hermeneús) oder eines Fährmannes (porthmeús). Man muß sich dazu klarmachen, was das im einzelnen bedeutet: der Fährmann bringt an einem Fluß oder einem See die Reisenden von dem einen Ufer an das andere; der Dolmetscher leitet der einen Partei in ihrer Sprache die Worte der ihnen sonst unverständlichen Worte der anderen Partei weiter. Durch diese Beispiele erhält der Begriff des „Zwischen" einen ganz speziellen Sinn, nämlich gewissermaßen einen dynamischen. Der Eros als Daimon ist keine statische Mischung zwischen Göttern und Menschen, sondern die zwischen ihnen vermittelnde Bewegung.

Das hat nun, da Eros ja nach der Rede der Diotima, ein „großer Dämon" und Bild des Philosophen ist, Konsequenzen für den Platonischen Philosophiebegriff. Das philosophische Denken muß dann, dem Vergleich mit dem Dolmetscher und dem Fährmann entsprechend, eine Hin- und Herbewegung zwischen dem Göttlichen und dem Menschlichen sein, und zwar so, daß diese Bewegung sowohl den einen Punkt erreicht wie auch den anderen. Der sich zwischen dem einen Ufer zum anderen Ufer bewegende Fährmann kennt also beide Ufer, kann aber nicht bei ihnen verweilen. Das trifft nun ebenso auf die Erkenntnis des Philosophen zu: Sie befindet sich einerseits im Bereich der göttlichen Erkenntnis, kann sich dort aber nicht dauerhaft aufhalten, sondern muß als Vermittler vom Bereich des Göttlichen sich in den Bereich der menschlichen Erkenntnis begeben.

Der Vergleich des Philosophierens mit dem Hin- und Hergehen findet sich außerdem auch noch im Dialog „Theaitet". Dort steht die vielzitierte Stelle über das Staunen: „Gar sehr nämlich ist das Staunen (gr. thaumázein) die Erfahrung des Philosophen. Es gibt nämlich keinen anderen Anfang der Philosophie als diesen, und es scheint der, welcher die Iris als Tochter des Thaumas bezeichnet, ihre Abstammung nicht schlecht zu charakterisieren" (155D). Gemeint ist der Dichter Hesiod, der in seiner „Theogonie" die Göttin Iris als Tochter des Meeresgottes Thaumas darstellt. Dieser Name des Meeresgottes erinnerte die Griechen an das Wort für Staunen, das Wort „thaumazein" und damit an den Anfang des philosophischen Denkens. Nun ist nach der griechischen Mythologie die Thaumastochter Iris die Botin der Götter. Als solche gilt für sie dasselbe wie für die zwischen den Göttern und den Menschen vermittelnden Dämonen. Als Tochter des Thaumas und damit des Anfangs der Philosophie wird daher die soeben angeführte Stelle des „Theaitet" das Philosophieren als ein Weg und eine Bewegung verstanden, die zwischen dem Göttlichen und dem Menschlichen hin- und hergeht, weshalb dann auch die Philosophie nicht als ein ruheloses Streben gedeutet wird.

Im „Symposion" gibt es jedoch noch einige weitere Hinweise zur Frage nach dem Wesen der Philosophie. Schon der Name des Eros läßt dies erkennen. Eros ist nämlich die Liebe und das Streben nach ihrer Erfüllung. Dieses Streben ist aber keineswegs ein ewiges Noch-nicht, das niemals an sein Ziel kommt (wie die zu Beginn dieses Kapitels zitierten modernen Interpreten des Philosophiebegriffs meinten). Das Platonische wird besonders deutlich in dem in der Diotimarede erzählten Mythos über die Abstammung des Liebesgottes. Nach diesem ist Eros der Sohn des Póros und der Penía und gezeugt am Geburtsfest der Liebesgöttin Aphrodite. Die Namen der Eltern sind „sprechende Namen", die das Wesen des Eros und das Wesen der Philosophie bezeichnen (da Eros, wie schon zuvor gesagt, Philosoph ist). Penia bedeutet „Mühe". Ihr Zustand ist voller Mühsal, aus der sie sich zu befreien strebt. In vielen Interpretationen wird Penia aber mit „Armut" übersetzt, was leider dazu verführt hat, den Namen des Erzeugers mit „Reichtum" wiederzugeben. Das ist der Sache völlig unangemessen, denn die Grundbedeutung von „Poros" ist etwa „Durchdringen". „Poros" hängt mit dem lateinischen „per" und dem deutschen „Furt" zusammen („per" heißt „durch", und eine Furt ist die Stelle, an der man durch ein Gewässer gehen kann, durch einen Bach, einen Fluß oder auch durch ein kleines Stück Meer (vgl. z. B. die Grundbedeutung von Bosporus).

Das sind philologische Anmerkungen, die sich auf die Namen Poros und Penia beziehen. Sie bestätigen sich aber philosophisch im Text der Sokrates-Diotimarede. Zuerst geht es um die Eigenschaften, die Eros von seiner Mutter Penia geerbt hat. Nach diesen ist er „immer mühselig (pénes) und weit davon entfernt, zart und schön zu sein, wie die Vielen glauben, sondern dürr und schmutzig, unbeschuht und unbehaust, immer auf dem Boden hockend und ohne Decke, vor Türen und auf Wegen unter freiem Himmel liegend, ... immer mit Mangel (éndeia) verbunden" (203CD). Das ist allerdings nur die eine Seite des Eros: das erotische Verlangen mit seinem Unbefriedigtsein und nach Befriedigung strebend. Es handelt sich damit um die Seite des unablässigen Strebens, die von den zuvor erwähnten modernen Interpreten besonders an der Philosophie betont wird.

Nun die andere Seite des Eros, die auf seinen Vater Poros zurückgeführt wird: „seinem Vater gemäß stellt er wiederum den Schönen und Guten nach, mutig, draufgängerisch und energisch, ein gewaltiger Jäger (thereutés deinós), immer irgendwelche Listen ersinnend, nach Erkenntnis verlangend und sie erlangend (pórimos), philosophierend sein ganzes Leben ..." (203D). Als Sohn des Poros dringt Eros also, seinen Bedürfnissen folgend und von ihnen geleitet, zu seinem angestrebten Ziel durch, da er als „gewaltiger Jäger" dem Wild nicht erfolglos nachjagt, sondern es erbeutet. Als Philosoph aber erreicht er das, was sein Erkenntnisstreben gesucht hat.

Allerdings kann der ans Ziel gelangte Philosoph nicht für immer dort verweilen. Im Erosmythos des „Symposion" heißt es vom Sohn des Poros und der Penia: „Und er ist weder wie ein Unsterblicher beschaffen noch wie ein Sterblicher, vielmehr blüht und lebt er am selben Tage mal auf, mal aber stirbt er ab, jedoch (bald) wieder auflebend, der Natur des Vaters entsprechend." Und. „Das Erreichte (to porizómenon) aber fließt ihm immer wieder fort" (203E). So erreicht Eros als Philosoph zwar ab und zu das Wissen und die Lebensweise der Götter, kann aber dabei nicht andauernd bleiben, nicht im Bereich des göttlichen Lebens und Denkens verweilen, da die philosophische Erkenntnis des Menschen wohl von Zeit zu Zeit das Höchste und Letzte erblickt (und deshalb das philosophische Denken nicht endlos und uferlos bleibt), aber immer wieder in die „Lebenswelt" und das Denken des Alltags zurückfällt. Das Erreichen des erstrebten Ziels liegt nun grundsätzlich im Wesen des Eros und überhaupt im Wesen des erotischen Verlangens, zu dem aber ebenso wesenhaft gehört, daß das Erreichte auch immer wieder verlorengeht.

Schließlich sei noch daran erinnert, daß das erotische Verlangen sich in besonderer Weise auf das Schöne bezieht und letztlich auf die „Zeugung im Schönen" aus ist, deren letztes Ziel jedoch eine der Unsterblichkeit angenäherte Form dauerhaften Lebens darstellt (207D). Ganz allgemein gibt es drei Weisen für den Menschen, eine Art von scheinbarer Unsterblichkeit zu erreichen: erstens durch die Erzeugung von Nachkommen (wodurch aber das eigene Leben nicht mitbetroffen ist, sondern nur das Leben der eigenen Nachkommenschaft), zweitens durch das Weiterleben des eigenen Namens im Nachruhm (worin immerhin das einzelne Individuum fortbesteht, sein Weiterleben aber nicht mehr erfährt), drittens und in fast vollkommener Weise durch die philosophische Erkenntnis in der Schau des Schönen selbst, die bis in den Bereich des göttlichen und unsterblichen Lebens vordringt, wenngleich nur vorläufig, nur vorübergehend. In der Sokratesrede werden dann die verschiedenen Schritte des Erkenntnisaufstiegs zur Anschauung des Schönen selbst geschildert und zum Schluß zusammengefaßt: „Wer nämlich bis hierher in der Liebe erzogen ist, der Reihenfolge nach und auf richtige Weise das Schöne in den Blick nehmend, der wird jetzt, ans Ziel der Liebe kommend, plötzlich ein wundersam Schönes erblicken" (210E). Hier hat das Streben des Philosophierenden sein Ende erreicht. Mit den Ausdrücken „plötzlich" und „wundersam" kommt zum Ausdruck, daß die philosophische Erkenntnis jetzt in einem neuen und „ganz anderen" Seinsbereich angelangt ist.

Dieser wird charakterisiert als der Bereich des Göttlichen und Unsterblichen. Das Schöne wird zum „göttlichen Schönen" (theion kalón) und in seiner Einzigartigkeit, als „monoeidés dem „vielerlei sterblichen Tand" gegenübergestellt. In dieser Letzterkenntnis berührt der Erkennende als dritte Weise menschlicher Unsterblichkeit das Gebiet des göttlichen und immerwährenden Seins. Diotima hatte in ihrer Rede an Sokrates nun noch abschließend hinzugefügt: „Was also ... sollen wir erst glauben, wenn einer dazu gelangt, das Schöne selbst: rein, lauter und unvermischt zu schauen? ... Meinst du wohl, daß das ein schlechtes Leben sei, wenn einer dorthin blickt und damit umgeht? Oder glaubst du nicht, daß dort allein ihm begegnen kann, ... nicht Schattenbilder der Tugend (areté) hervorzubringen, weil er auch keine Schattenbilder berührt, sondern Wahres, weil er das Wahre berührt? Wer aber wahre Tugend hervorbringt und aufzieht, dem kommt es zu, von den Göttern geliebt zu werden, und wenn irgendeinem Menschen, dann gewiß auch ihm, unsterblich zu sein?" (2111E–212A).

Diese klare Aussage wird jedoch von manchen Interpreten immer noch angezweifelt, indem sie sich auf folgende Wendung in der Diotimarede berufen: „Wenn also jemand ... jenes Schöne anfängt zu erblicken, der kann beinahe zur Vollendung gelangen" (211B). Daraus schließt man dann, daß die endgültige Erkenntnis des Guten nicht vollgültig erreicht werde, sondern nur „beinahe" (gr. schedòn). Dazu ist zunächst zu sagen, daß es an der in Rede stehenden Stelle nur um den Anfang des Weges zur Letzterkenntnis geht, sodann bedeutet das griechische Wort nicht, daß die letzte Erkenntnis nur „beinahe" im Sinne von „halbwegs", also nicht ganz, erreicht werde, da die Grundbedeutung von „schedón" lautet: „sich dicht an etwas haltend", schließlich spricht auch der Kontext eine ganz andere Sprache und bestätigt unsere bisherige Deutung.

Nun könnte jemand einwenden, daß der dargestellte Weg des Philosophierenden zu einer unüberbietbaren (wenn auch nur zeitweiligen) Letzterkenntnis nur für Platons Auffassung im „Symposion" gelte. Werfen wir daher noch einen Blick auf andere Dialoge der mittleren Schaffensperiode, in denen vom Wesen der Philosophie die Rede ist.

III

Nehmen wir uns deshalb jetzt einmal den Dialog „Phaidros" vor. Eine recht sorgfältige, allerdings von dem bisher von uns herausgearbeiteten Philosophiebegriff bei Platon hinwegsehende Übersetzung und Erläuterung hat Ernst Heitsch vor kurzem vorgelegt.[30] Beachtung verdient auch die interessante Interpretation von Josef Pieper.[31]

Man kann bei diesem Dialog drei Teile unterscheiden. Der erste Teil enthält zwei Reden gegen den Eros: eine Rede des berühmten Rhetors Lysias, die von Phaidros vorgelesen wird, sowie eine zweifellos nicht ernstgemeinte Rede des Sokrates im Stil des Lysias oder auch eines anderen Rhetors. Im mittleren Teil des Dialogs findet sich, wie häufig bei Platon, der Hauptgedanke: wiederum in Gestalt einer Rede des Sokrates, die im Gegensatz zu den vorhergegangenen Reden für den Liebesgott eintritt. Der dritte und letzte Teil des Dialogs besteht aus Darlegungen über das Wesen der Redekunst und über die Nachteile der geschriebenen Rede gegenüber der gesprochenen, insbesondere im Blick auf die philosophische Unterweisung.[32]

Wie im „Symposion" erscheint auch im „Phaidros" der Weg der philosophischen Erkenntnis nicht als unendliches, nie zur Ruhe kommendes Streben. Auf dieses Thema geht der Mittelteil des Dialogs ein, vor allem aber in dem sogenannten „Seelenmythos". Er handelt von den menschlichen Seelen, die vor ihrer Geburt sich im Bereich der Götter, der Überirdischen aufhalten. Nach diesem Mythos werden die Seelen, die noch nicht mit einem menschlichen Körper verbunden sind, mit einem geflügelten Wagen in Verbindung gebracht, der von zwei Pferden gezogen und von einem Wagenlenker ans Ziel gebracht wird. Das Ziel des Wagenlenkers ist es, an den Rand des Himmelsgewölbes zu gelangen, weil man von dort aus den „überhimmlischen Ort" erblicken kann, an welchem das „wahrhaft seiende Sein" weilt (247C).

Gottverwandte Seelen können darauf einen vollen Blick werfen, während gottfernen Seelen hier lediglich ein flüchtiger Blick möglich ist. Wenn nun eine Seele nach einem bestimmten Gesetz gezwungen ist, sich mit einem menschlichen Körper zu verbinden, so hat sie doch, wenn dieser der Körper eines philosophierenden Menschen war, wieder die Möglichkeit der Rückkehr in den überirdischen Bereich. Platon versteht nämlich in seinem Mythos das philosophische Denken als die „Erinnerung an das, was die Seele einst sah, als sie mit Gott einherzog und über das hinwegsah, von dem wir jetzt sagen, es sei seiend, und aufblickte zu dem wahrhaft Seienden" (249C: eis to on óntos).

In Platons Philosophie der Philosophie zeigt sich also auch durch den „Phaidros" und dem dort zentralen Seelenmythos, daß die Philosophie keineswegs ein niemals an sein Ziel kommendes Streben ist, weil die philosophische Erkenntnis je nach der Veranlagung des Menschen ihr Ziel erreicht, indem sie „nach Vermögen (katà dýnamin) durch die Erinnerung immer bei den Dingen ist, durch welche ein bei ihnen seiender Gott göttlich ist" (249C). Diese Erinnerung an das vormals und in vollkommener Weise von der Seele Geschaute ist grundsätzlich jedem Menschen gegeben, so daß also der Anlage nach jeder Mensch ein Philosoph sein kann: „Jede menschliche Seele hat zwar ihrer Natur nach das (schlechthin, K. A.) Seiende geschaut oder sie wäre wohl nicht in ein solches Lebewesen eingegangen. Es fällt aber nicht jeder (Seele) leicht, sich aus dem Irdischen an das Seiende zu erinnern, weder denen, die es damals nur kurz erblickt haben, die beim Sturz in diesen Ort hier das Mißgeschick befiel, durch ihren Umgang in Unrecht zu geraten und so das Heilige zu vergessen, das sie damals geschaut hatten" (249E–250A). Der Platonische Philosophiebegriff setzt also voraus, daß es eine höchste und geradezu an Heiliges erinnernde Anschauung gibt.

IV

Dasselbe wird sich ergeben, wenn wir uns nun dem wichtigsten Dialog der mittleren Schaffensperiode Platons zuwenden: der „Politeia", dem Dialog über den Staat. Aus der Literatur über diesen Dialog greifen wir besonders den von Otfried Höffe herausgegebenen Sammelband heraus[33] und halten uns dabei fast ganz an das siebte Buch und das darin enthaltene Höhlengleichnis (514A–521B und 539D–541B).

Mit diesem Gleichnis wollte Platon zunächst nur das Wesen der Erziehung veranschaulichen, doch stellt es zugleich und immer deutlicher das Wesen der Philosophie in ihrem Gegensatz zum Alltagsdenken und zu den dadurch bestimmten Menschen dar. Das Gleichnis schildert den Aufstieg des Erkennens aus dumpfer Gefangenschaft in einem Höhlengefängnis bis hin zu einem befreienden Erkenntnisaufstieg, der zuletzt zu einer höchsten Erkenntnis führt.

Die Darstellung dieses Erkenntnisaufstiegs läßt sich zunächst in vier Stufen beschreiben. Die erste Stufe entwirft ein Bild der Ausgangssituation: In einer unterirdischen Höhle leben Menschen gefangen. Sie sind gefesselt, sitzen mit dem Rücken gegen den Höhleneingang und erhalten ein trübes Licht von einem hinter ihnen brennenden Feuer, so daß sie die Schatten von Gegenständen zu erkennen vermögen, die hinter einer Mauer vorbeigetragen werden. Über diese Schatten, die sie für die Wirklichkeit der Dinge halten, unterhalten sie sich miteinander.

Die zweite Stufe des im Gleichnis beschriebenen Erkenntnisaufstiegs wird dadurch erreicht, daß einer der zuvor in der Höhle Gefesselten gezwungen wird, sich umzuwenden, einige Schritte zu tun und jetzt die Dinge, die er vorher nur in ihren Abschattungen kannte, nun unmittelbar im Licht des Höhlenfeuers zu erblicken. Das Leben auf dieser Stufe ist für den Befreiten ungewohnt und schmerzvoll. Nur allmählich kann er sich aus diesen Hemmnissen befreien, Einzelheiten an den beleuchteten Dingen erkennen und sich an die neue Sehweise gewöhnen.

Ein weiterer Schritt im Aufstieg der Erkenntnis besteht dann auf der dritten Stufe darin, daß der endgültig von den Fesseln Befreite nunmehr gezwungen wird, die Höhle ganz zu verlassen, damit ins Freie und ans Sonnenlicht zu gelangen. Er wird Widerstand leisten. Die Augen werden ihm schmerzen und zunächst nur Dinge erkennen, die dem in der Höhle Gesehenen gleichen.

Vom vierten und letzten Schritt des Erkennenden auf dem Weg zum Ziel heißt es schließlich: „Zuletzt wird er auch die Sonne selbst, nicht Bilder von ihr im Wasser oder anderwärts, sondern sie als sie selbst an ihrem eigenen Standort anzusehen und zu betrachten imstande sein." Zugleich aber wird ihm klarwerden, daß die Sonne die Zeiten schafft, den sichtbaren Raum ordnet und die Ursache von allem Seienden ist.

Im Anschluß an diese vier Stufen (wozu noch als ein weiterer Schritt und gewissermaßen als fünfte Stufe die Rückkehr des zur Letzterkenntnis Gelangten in das frühere Höhlengefängnis mit der dabei auftretenden neuen Situation gehört) gibt Platon eine weiterführende Deutung seines Gleichnisses: „Dieses ganze Bild nun ... mußt du mit dem früher Gesagten verbinden: die uns durch das Gesicht erscheinende Region der Wohnung im Gefängnis gleichsetzen und dem Schein des Feuers darin der Kraft der Sonne, und wenn du nun das Hinaufsteigen und die Beschauung der Dinge oben als den Aufschwung der Seele in die Region der Erkenntnis verstehst, so wird dir nicht entgehen, was meine Vermutung ist ... Was ich wenigstens sehe, das sehe ich so, daß zuletzt unter allem Erkennbaren und nur mit Mühe die Idee des Guten erblickt wird" (517A–C). Die Idee des Guten oder, wie sie auch noch genannt wird, „das Gute selbst" oder einfach „das Gute" ist also das, woraufhin der Aufstieg letztlich unternommen wird. Kurz darauf wird sie auch schlechthin als „das Seiende" bezeichnet (518C). Der Weg aus der Höhle zur Anschauung der Idee des Guten setzt eine Umwendung in einen ganz anderen Bereich hinein voraus. In Platons Interpretation dieser Umwendung wird dann gesagt: „Das ist nun freilich, scheint es, nicht wie sich eine Scherbe umwendet, sondern es ist eine Umlenkung der Seele, welche aus einem gleichsam nächtlichen Tage zu dem wahren Tage des Seienden jene Auffahrt antritt, welche wir eben die wahre Philosophie nennen wollen" (521C). Platon verbindet also die Darstellung des Erkenntnisaufstiegs mit dem Gedanken der wahren Philosophie und charakterisiert damit seine Vorstellung von Philosophie. Der Aufstieg zur philosophischen Letzterkenntnis geschieht aber mit Hilfe der Dialektik, des reinen Denkens und seinem Ausdruck in Worten und Begriffen.

Wir wollen aber jetzt noch einmal zurückblicken auf das, was wir zum Beginn dieses Kapitels kritisch gegen die Interpretation der Philosophie als ewiges Noch-nicht und endloses Streben bemerkt haben, so seien abschließend zwei Stellen aus der Platonischen Deutung des Höhlengleichnisses angeführt. Zunächst: „Wenn einer es unternimmt, durch Dialektik ... zu dem selbst vorzudringen, was jedes (Seiende) ist, und nicht eher abläßt, bis er das, was das Gute selbst ist, mit der Erkenntnis erfaßt hat, dann ist er am Ziel (télos) alles Erkennbaren" (532AB). Und noch stärker über die Wege der Dialektik (532DE): „diese nämlich sind es wohl, wo für den Angekommenen Ruhe sein könnte vom Wege (hodou anápaula) und Ende der Reise (télos tes poreías)." Klarer kann man doch mit diesen Texten die Behauptung, Platon verstehe die Philosophie als unendliches Unterwegssein, nicht zurückweisen.

V

Als Ziel der philosophischen Erkenntnis wird also von Platon das Gute oder das Seiende benannt. Wir haben jedoch Zeugnisse dafür, daß in der Akademie das letzte Ziel der Erkenntnis das „Eine" (hen) hieß.

Aus Aristoteles wissen wir nämlich, daß es bei Platon eine ungeschriebene Lehre, eine „esoterische" Philosophie gab, die „ágrapha dógmata", und daß in diesen das Eine als Ursache der Ideen dargestellt wurde. So stellt es schon Aristoteles im ersten Buch der „Metaphysik" dar: Ursache der Dinge seien die Ideen, Ursache der Ideen aber das Eine (988a 10 f.; 988b 4–6). Im vierzehnten Buch der „Metaphysik" berichtet Aristoteles von sonst namentlich nicht bekannten Anhängern der Ideenlehre, das „Eine selbst" sei das „Gute selbst" (1091b 12–14). Außerdem erzählt Aristoxenos von Tarent, ein Schüler des Aristoteles, in einer hübschen und für das Denken der Alltagsmenschen bezeichnenden Anekdote, Platon habe einen öffentlichen Vortrag „Über das Gute" (peri tou agathou) gehalten und dabei das Gute mit dem Einen gleichgesetzt, damit aber bei den Zuhörern wenig Anklang gefunden: „Jeder sei nämlich in der Annahme gekommen, er werde etwas über das erfahren, was man für die menschlichen Güter hält, z. B. Reichtum, Gesundheit, Kraft, überhaupt ein wunderbares Glück. Als dann aber die Rede war von Mathematik und Geometrie und Astronomie und zuletzt, daß das Gute das Eine sei, da kam ihnen das ... höchst widersinnig vor, und die einen verloren das Interesse an der Sache, die anderen kritisierten sie."[34]

Warum aber hat Platon, wenn er das Eine meinte, vom Guten gesprochen? Wir können hier nur Vermutungen haben. Vielleicht waren es politische Gründe. Diogenes Laertios berichtet, daß Platon nach der Hinrichtung seines Lehrers Sokrates sich, um nicht auch selbst dem Haß der demokratischen Machthaber in Athen zum Opfer zu fallen, zu Eukleides nach Megara zurückgezogen habe, der ein Anhänger des Parmenides gewesen sei und gelehrt habe, „daß das Eine das Gute sei, das mit vielen Namen bezeichnet werde, manchmal als Geist, manchmal als Gott, manchmal als Vernunft und anderes" (Diogenes II 106). Platon behielt also nach außen hin den Begriff des Guten für das höchste Ziel seiner exoterischen Philosophie fest, während dieses Ziel in seiner esoterischen Philosophie den Namen des Einen trug. Immerhin war in der athenischen Demokratie der Begriff des Guten im Sinne einer exoterischen Philosophie eher einleuchtend zu machen, während die esoterische Philosophie des Einen den Verdacht einer oligarchischen Politik hervorrufen mußte. Der als Gegner der athenischen Demokratie bekannte Philosoph wollte hier Vorsicht walten lassen.

Es ist nun aber auffällig, daß in der Folgezeit die Philosophie weniger in Platons Lehre vom Guten weitergewirkt hat als in der Lehre vom Einen. So hat besonders Plotin, der sich in der Nachfolge Platons und als Interpret Platons verstand, eine Philosophie des Einen entwickelt. Wer Platon auf diese Weise interpretiert, versteht ihn einerseits neuplatonisch, aber damit zugleich ganz in seinem Sinne. So wird ferner im Beginn der christlichen Philosophie in der Spätantike bei Augustinus die Philosophie als Frage nach dem Einen, dem „unum", verstanden, wie er auch die Frage nach Gott und der Seele, die Hauptfragen seines Denkens, als Teilprobleme der Frage nach dem Einen (dem „unum") darstellt und die These vertritt, es sei die Natur des Geistes, das Eine zu suchen.[35]

Im spätantiken und mittelalterlichen Platonismus lebt diese Philosophie des Einen weiter.[36] Und sogar in der Zeit der Renaissance schreibt Marsilio Ficino im Brief an einen Freund: „Darauf ging hauptsächlich das Bestreben des göttlichen Platon, wofür ja sein Dialog ‚Parmenides' und die ‚Epinomis' Zeugnis ablegen: das eine Prinzip der Dinge nachzuweisen, welches er vorzugsweise ‚das Eine an sich' nannte. Auch lehrte er, daß die eine Wahrheit aller Dinge das allen vernünftigen Seelen und allen Denkformen (d. h. den Ideen. K. A.) eingegossene Licht des Einen an sich, d. i. Gottes, sei, welches zugleich die Denkformen den vernünftigen Seelen zugänglich mache und die vernünftigen Seelen mit den Denkformen vereinige. Mit dieser Wahrheit, welche identisch ist mit dem einen Lichtstrahl des Einen, d. i. Gottes, muß sich einzig und allein beschäftigen, wer auch immer sich zur Platonischen Philosophie bekennen will."[37] Wir werden auf dieses Thema bei anderer Gelegenheit noch mehrmals zurückkommen.

Was bisher über Platons esoterische Philosophie in der „ungeschriebenen Lehre" gesagt wurde, geht in letzter Zeit auf die Tübinger Platonforscher Konrad Gaiser und Hans Joachim Krämer zurück. Allerdings hatte schon Schleiermacher wenig von der Beschäftigung mit dieser Seite der Platonischen Philosophie gehalten. In der Gegenwart hat seit der von H. Cherniss veröffentlichten Schrift „The Riddle of the Early Academy" (Berkeley 1945) die Vernachlässigung der esoterischen Philosophie Platons zahlreiche Anhänger gefunden. Wichtige Stellungnahmen zu diesem Thema sind zusammengestellt in dem von Jürgen Wippern herausgegebenen Sammelband „Das Problem der ungeschriebenen Lehre Platons. Beiträge zum Verständnis der Platonischen Prinzipienphilosophie."[38]

Die Vernachlässigung der esoterischen Philosophie Platons hängt damit zusammen, daß man sich allein an die Dialoge und damit auf das schriftlich Überlieferte halten wollte. Wir leben heute in einer Schriftkultur, so daß wir uns nicht leicht vorstellen können, daß ein Denker das Eigentliche seiner Lehre nur mündlich weitergeben will. Aber noch Sokrates hat nichts Schriftliches hinterlassen. Von Platon aber gibt es zwar die zahlreichen Dialoge, doch hat er sowohl im „Phaidros" als auch im Siebten Brief die mündliche Unterweisung weit über die Weitergabe von Gedanken gestellt. Durch das, was wir jetzt über die ungeschriebene Lehre Platons wissen, werden aber die Dialoge nicht entwertet, sondern erhalten deren letzte Grundlagen: die Lehre vom Einen und die „unbestimmte Zweiheit" (aoristòs dyás) oder vom „Großen und Kleinen", worüber zuerst Aristoteles berichtet hat.[39]

Wir schließen damit vorläufig dieses Kapitel ab. Begonnen haben wir mit dem berühmten Wort Whiteheads, die Geschichte der abendländischen Philosophie stelle sich als „a series of footnotes to Plato" dar. Die folgenden Kapitel werden zeigen, wie zutreffend diese vielzitierte Bemerkung ist. Inzwischen verweisen wir auf einen von Th. Kobusch und B. Mojsisch herausgegebenen Sammelband, der einzelne herausragende Stationen der philosophiehistorischen Entwicklung Europas von Aristoteles bis hin zu Heidegger und Gadamer im Blick auf den Einfluß der Platonischen Philosophie genauer darstellt.[40]

4. Der Mittelplatoniker Apuleius

Zwischen Platon und dem Neuplatonismus mit seinem wichtigsten Denker Plotin liegen mehr als sechshundert Jahre. Die Philosophen dieser Zeit werden zum größten Teil einem „mittleren Platonismus" zugerechnet, d. h. dem Platonismus der Kaiserzeit. Eine Anzahl von Aufsätzen über diese „Mittelplatoniker" hat der Kölner Altphilologe Clemens Zintzen zusammengestellt.[41]

I

Zwei Autoren aus dieser Phase der Entwicklung der nachplatonischen Philosophie verdienen besondere Aufmerksamkeit, da von ihnen vollständig erhaltene Darstellungen der Lehre Platons überliefert sind. Die eine, nämlich der „Didaskalikos", wird einem Autor namens Albinos oder aber Alkinoos zugeschrieben. Von dieser Schrift haben soeben Orrin F. Summerell und Thomas Zimmer eine ausgezeichnete zweisprachige Ausgabe herausgebracht und sich dabei auf einen sonst nicht bekannten Verfasser Alkinoos festgelegt.[42] Die zweite oben erwähnte Schrift ist hinsichtlich der Verfasserschaft zwar umstritten, gilt jedoch meist als Werk des Lucius Apuleius (auch: Appuleius), der um 125 im nordafrikanischen Madaura geboren und um 180 verstorben ist. Er war damals vor allem bekannt durch seinen Zauberroman „Metamorphosen oder Der goldene Esel". Der Verfasser war aber auch als Philosoph anerkannt, trug schon zu seiner Lebenszeit den ehrenhaften Titel eines „philosophus platonicus". Freilich ist er niemals ein Platoniker im strengen Sinne gewesen, sondern vermischte die Lehren Platons mit Elementen aristotelischer, stoischer und hermetischer Gedanken, wie das in der Zeit des Hellenismus durchaus üblich war.

II

Aber nun zum Inhalt des Werks über Platon und seine Philosophie (De Platone et eius dogmate).[43] Ursprünglich waren es wohl drei Bücher, wie sich aus der in der hellenistischen Schulphilosophie üblichen Einteilung in die philosophischen Disziplinen Physik, Ethik und Logik vermuten läßt. Das erste Buch ist demgemäß der *Physik*, der „philosophia naturalis", gewidmet.

Es beginnt erfreulicherweise jedoch mit einer Lebensbeschreibung Platons (c. 1–4). Der Philosoph wird dabei in Anlehnung an z. T. legendäre und anekdotenhafte Nachrichten aus der älteren Akademie als ein mit dem Gott Apollon in außergewöhnlicher Beziehung stehender, als ein „Apolloniakós", ein apollinischer Mensch, dargestellt. So wird die von der Familie angenommene Herkunft des Vaters Ariston vom König Kodros und der Mutter Periktione vom Gesetzgeber Athens Solon noch durch die durch Speusipp, den Sohn der Schwester Platons, ausgesprochene Vermutung noch übertroffen: „Es gibt andere, die behaupten, Platon sei aus einer noch höheren Verbindung hervorgegangen, da nämlich der Schatten des Apollon sich mit Periktione vereinigt habe." Und zur Bestätigung dieser Behauptung wird noch hinzugefügt: „Platon ist auch in dem Monat geboren, der bei den Bewohnern Attikas Thargelion genannt wird, und zwar an dem Tage, an dem nach der Überlieferung Leto auf Delos den Apollon und die Artemis geboren hat" (c. 1).

Apuleius erwähnt auch zahlreiche Reisen, die Platon unternommen habe, um seine philosophische Ausbildung zu erweitern, so nach Italien, Ägypten und Libyen. Dann heißt es: „Und er hätte sein Sinnen und Trachten sogar zu den Indern und Persern gerichtet, wenn ihn damals nicht Kriege gehindert hätten" (c. 3). Unter diesen Kriegen ist wahrscheinlich der Zug des jüngeren Kyros gegen seinen Bruder Artaxerxes zu verstehen, worüber Xenophon in seiner „Anabasis" berichtet. Dann fährt Apuleius in seiner Platonvita fort: „Nachdem er daher den Errungenschaften des Parmenides und Zenon in der Dialektik recht eifrig nachgegangen war, bereicherte er seine Schriften mit allem, was auch im einzelnen Bewunderung verdient, so daß er als erster die drei Teile der Philosophie in ein System brachte und darlegte, daß die notwendigen Teile (der Philosophie) sich nicht nur untereinander nicht bekämpften, sondern sich auch durch gegenseitigen Beistand unterstützten."

Leider ist der lateinische Text hier an mehreren Stellen verderbt und unverständlich. Ich gebe hier, ohne weitere umständliche Erörterungen meiner Konjekturen, den Text hier so, wie ich ihn lese: „Atque ad Indos et Magos intendisset animum, nisi tunc / eum bella vetuisset. Dialectica (statt †caletica) quapropter inventa Parmenidae ac / Zenonis studiosius exsecutus, ita omnibus, quae admirationi sunt, singula suos libros explevit, ut primus tripertitam philosophiam copularet sibique invicem necessarias partes nec pugnare inter se tantummodo, sed etiam mutuis adiuvare auxiliis ostenderet." Apuleius bewundert mit Recht die Leistung Platons, aus den verschiedenen Teilen der Philosophie eine Einheit hergestellt zu haben, ist sich aber nicht darüber im klaren, wie dergleichen möglich sei (nämlich dadurch, daß der alle drei Teile tragende philosophische Grundgedanke gefunden und festgehalten wurde). Dem geht Apuleius dann auch nicht weiter nach (obwohl er auf dem richtigen Wege zu sein scheint), sondern fragt lieber nach den Ursprüngen der Verschiedenheit der einzelnen Teilgebiete, die Platon vorliegen: „Denn obwohl er aus verschiedenen Quellen die Glieder der Philosophie übernommen hatte: die Physik von den Pythagoreern, die Dialektik von den Eleaten, die Ethik von Sokrates selber, machte er aus allen diesen einen einzigen und wie aus einer einzigen Geburt hervorgegangenen Körper." Auf die Frage der Berechtigung dieser Zuordnungen soll hier nicht eingegangen werden. Danach greift Apuleius jedenfalls im Stil seiner Zeit zur Rhetorik: „Und während die Gründer dieser Schulen ihre Hörer noch ungefeilte und unvollkommene Sätze gelehrt hatten, machte er diese, indem er sie bewußt gestaltete und sie mit der schönsten Art erhabenen Redestils schmückte, vollendet und sogar bewundernswert" (c. 3).

III

Nun aber einige Hinweise zum ersten Teil des von Apuleius konstruierten Platonischen Systems der Philosophie: der *Physik*, der Philosophie der Natur. Davon ist dann in den Kapiteln 5–18 die Rede. Sie beziehen sich vor allem auf den Platonischen „Timaios", der ja auch noch im Mittelalter und bis in die Neuzeit hinein der wirkungsmächtigste Dialog war. Es sei nur noch an Raffaels „Schule von Athen" erinnert, auf welchem berühmten Fresco der als würdiger Greis dargestellte Platon den „Timaios" in der Hand hat.

In seiner Naturphilosophie schreibt Apuleius seinem Meister drei Arten von Ursprüngen der Dinge zu: Gott, die formlose Materie und die Formen oder Urbilder des Seienden, die „Ideen". Von Gott aber habe Platon angenommen, daß dieser unkörperlich (incorporeus) sei, „als einziger unermeßlich, Schöpfer und Ordner aller Dinge, selig und beseligend, der Höchste, nichts entbehrend, alles mitteilend. Ihn nennt Platon himmlisch, namenlos, unaussprechlich, unsichtbar und unbezwingbar. Sein Wesen herauszufinden ist schwer, wenn es aber gefunden sei, es den Vielen mitzuteilen unmöglich" (c. 5).

Vom zweiten Ursprung des Seienden wird dann folgendes festgehalten: „Die Materie aber bezeichnet Platon als unerschaffbar und unzerstörbar. Sie sei weder Feuer noch Wasser noch ein anderer von den ersten und selbständigen Grundstoffen. Vielmehr hat der göttliche Weltgestalter sie als erste von allem, in jeder Hinsicht gestaltungsfähig und bildsam, ferner roh und ohne jede Gestaltung geschaffen" (vgl. dazu Timaios 51A). Neben dieser ungeformten Materie aber wird noch eine durch die vier Elemente bestimmte geformte Materie unterschieden, nämlich geformt wie Feuer, Wasser, Erde, Luft und das durch diese Elemente Bestimmte (vgl. dazu Timaios 56A).

Die dritte Ursprungsart ist nach Apuleius bei Platon die durch die Ideen entstandene. Dazu heißt es im 6. Kapitel: „Die Ideen aber, d. h. die Formen alles Seienden, sind nach Platon einfach, ewig und dennoch unkörperlich. Sie seien aber von dem, was Gott geschaffen hat, die Vorbilder der Dinge, die Sein haben und Sein haben werden, und es gebe unter diesen Vorbildern nur einzelne Bilder für alle entstehenden Arten (der Dinge), und zwar in der Weise, in welcher mit Wachs Gestalten und Gebilde nach dem Abdruck der Vorbilder gemacht werden."

Apuleius fügt nun aber noch eine Platonische Unterscheidung zwischen der zweifachen Art der Substanzen, der „ousiai" oder „essentiae" ein. Die eine Art ist die der „ersten Substanzen", nämlich Gott, der Geist, die Ideen und die Seele. Diese Art wird allein durch das Denken erfaßt (una cogitatione concipitur). Sie „besteht immer und auf dieselbe Weise, ist sich selbst gleich und ähnlich, so daß sie wahres Sein hat (ut quae vere sit)". Die andere Art, die der „zweiten Substanzen", wird lediglich durch das „sinnliche und verständnislose Meinen" (opinione sensibili et inrationabili) erfaßt. Es unterliegt dem Entstehen und Vergehen, so daß man von ihm nicht sagen kann, es habe wahres Sein. Es ist hinfällig und flüchtig wie fließendes Wasser. Es ist das unsichere Sein der Dinge des alltäglichen Umgangs und Besorgens.

In den folgenden Kapiteln bemüht sich Apuleius um eine umfassende Darstellung der Platonischen Physik, die er bis in eine Lehre von den Sinnen und den Teilen des menschlichen Körpers ausweitet.

IV

Das zweite Buch über die Lehre Platons wendet sich der *Ethik* zu, der „philosophia moralis", deren Ziel das glückliche Leben ist, die „vita beata". Zum glücklichen Leben aber kommt man nach Platon durch das höchste Gut. Apuleius sucht in den folgenden Kapiteln die Lehre Platons näher auszuführen.

Dessen Meinung sei nämlich, daß unter den Gütern einige den höchsten Rang einnähmen, andere aber nur Güter durch Teilhabe an diesen höchsten Gütern seien. Die höchsten Güter aber seien Gott und der Geist, griechisch der „Nous". An ihnen hätten dann die Tugenden („virtutes") teil. Als die wichtigsten von ihnen, nämlich die seelischen Tugenden, werden dann als die bekannten vier Kardinaltugenden oder besser „Grundtugenden" aufgezählt: Klugheit, Gerechtigkeit, Sittsamkeit, Tapferkeit (prudentia, iustitia, pudicitia, fortitudo). Apuleius weicht hier ein wenig von den üblichen Bezeichnungen ab, denn statt der „temperantia" oder griechisch „sophrosyne" erscheint bei ihm die Sittsamkeit oder Schamhaftigkeit, die „pudicitia". Mit diesem Ausdruck wird die Moralvorstellung aus dem Philosophischen in den Bereich des Privaten gezogen und damit abgeschwächt. Unmittelbar darauf wird allerdings statt „pudicitia" das umfassendere und kraftvollere Wort „continentia" benutzt, also etwa „Ansichhalten" oder „Selbstbeherrschung", was der Tugend der „Sophrosyne" schon näherkommt. An erster und hervorragender Stelle aber steht die Klugheit, die „prudentia" (abgeleitetet von „providentia"), die Voraussicht. Sie gilt auch im Christentum noch als die erste Tugend, die nach Thomas von Aquin die „genitrix virtutum" ist, da aus ihr die anderen Tugenden hervorgehen sollen.[44] Bei Platon steht in der Reihenfolge der Tugenden ebenfalls die Entsprechung der Klugheit an erster Stelle. Sie lautet griechisch „sophia", kann zwar auch soviel wie Klugheit bedeuten, hat aber schon früh und immer mehr den Charakter von Weisheit angenommen und damit eines höheren und tieferen Wissens. Die Reihenfolge der drei anderen Grundtugenden ist bei Platon aber anders als bei Apuleius. Auf die Weisheit folgt zunächst die Tapferkeit (andreía), dann die Besonnenheit (sophrosýne) und erst danach die Gerechtigkeit (dikaiosýne), die soziale Tugend schlechthin. Dies zum 1. Kapitel des zweiten Teils.

Im 9. Kapitel geht es um die Frage der Lehrbarkeit der Tugenden. Diese Frage hat bei Platon in mehreren Dialogen eine wichtige Rolle gespielt. Nach Platon ist nämlich die Tugend (areté) ein Wissen: ein Wissen um das Gute und das Schlechte, eine „epistéme per to agathón ka kakón". Wenn Tugend aber Wissen ist, so müßte sie folglich auch lehrbar sein. Platon hütet sich aber davor, einem solchen Schluß zuzustimmen. Wissen kann man nämlich nicht einfach so weitergeben, wie eine Ware von einem zum anderen weitergegeben werden kann. Apuleius ist dagegen, gemäß der Denkweise der hellenistischen Schulphilosophie, in diesem Punkt weniger vorsichtig. Er beginnt aber zu diesem Thema immerhin folgendermaßen, wobei es bei den schon erwähnten Grundtugenden zunächst um den Begriff des Wissens geht: „Platon glaubte, daß diejenigen Tugenden gelehrt und gelernt werden könnten, die der Vernunftseele entsprechen (quae ad rationabilem animum pertinent), das heißt Weisheit und Klugheit. Diejenigen aber, die den lasterhaften Teilen als Gegenmittel Widerstand leisten, d. h. die Tapferkeit und die Selbstbeherrschung, seien zwar vernunfthaft, jedoch würden nur die beiden erstgenannten Tugenden für Lehrgegenstände (pro disciplinis) gehalten. Die (beiden) anderen Tugenden nennt er nur so im Falle ihrer Vollkommenheit. Im Falle einer Unvollkommenheit ist er nicht der Meinung, daß sie als Lehrgegenstände zu bezeichnen seien, doch schätzt er sie nicht als insgesamt den Lehrgegenständen fremd ein. Die Gerechtigkeit aber schätzt er deshalb, weil sie über die drei Bereiche der Seele verteilt ist (die durch Vernunft, Zorn und Begierde bestimmt sind, vgl. Kapitel 13), als Lebenskunst und Lehrgegenstand ein. Und sie sei teils lehrbar, teils gehe sie nur aus Übung und Erfahrung hervor."

Nach Kapiteln über die äußeren Güter, über die Arten der Lust, über Freundschaft und Liebe sowie über Unmoral und Unrecht, nicht zuletzt im Bereich des Politischen, folgen die Kapitel 20–23 über den Weisen und die Weisheit. Gerade dort wird die Vermischung platonischer mit aristotelischen und insbesondere stoischen Gedanken besonders deutlich und tritt der eklektische Charakter des Mittelplatonismus hervor. Erhebliche Bedeutung hat jedoch dabei zuletzt der religiöse Aspekt. Bei Apuleius heißt es dazu: „Das Ziel der Weisheit ist, daß der Weise fortschreitet zur Seinsweise eines Gottes, und seine Anstrengung wird dahin gehen, daß er sich dem Handeln der Götter nähert durch Angleichung an ihr Leben" (c. 23). Der Gedanke der Angleichung des Menschen an Gott geht auf Platons „Theaitet" (176B) zurück, auf welche Stelle sich auch Kapitel 28 des „Didaskalikos" bei Alkinoos beruft.[45] Die restlichen Kapitel des zweiten Buches bei Apuleius beziehen sich dann auf staatsphilosophische Themen, die recht stark an die Platonische „Politeia" angelehnt sind. Zunächst geht es um den dort entworfenen idealen Staat (c. 24–26); sodann um die verschiedenen Staatsformen (c. 27), schließlich um bestimmte verfehlte Staatsformen, zu denen übrigens wie bei Platon auch die Demokratie gerechnet wird (c. 28). Danach bricht das Werk ohne ein Schlußwort ab. Das scheint, wie weiter oben schon erwähnt, darauf hinzuweisen, daß ursprünglich wohl eine drittes Buch vorgesehen war, dessen Thema dann die Logik oder Dialektik behandelt hätte.

V

Noch ein Wort zum *Stil*. Das hier kurz referierte Platonbuch wirkt wie die ausgearbeitete Mitschrift einer Vorlesung. Allerdings hat Apuleius hier noch vielerlei stilistische Kunststücke angebracht, vermischt mit einer Anzahl von Neologismen und auch Archaismen, was den bedeutenden klassischen Philologen Eduard Norden zu seinem kritischen Gesamturteil veranlaßt hat: „über allem liegt ein mit der Zuchtlosigkeit von Neubildungen einer entartenden Sprache wunderlich gemengter archaistischer Firnis."[46] Überhaupt hält Norden Apuleius für den „virtuosesten Wortjongleur, den es je gegeben hat".[47] Freilich scheint sich Apuleius gerade in dem hier besprochenen Werk sehr gezügelt zu haben, denn M. Bernhard schreibt zum Stil von „De Platone et eius dogmate" geradezu den angegriffenen Autor verteidigend: „Den ‚Wortjongleur' erkennt man in unserer Schrift kaum wieder. Mit richtigem Takt verwendet er die durchaus nüchterne, klare und sachliche Diktion einer philosophischen Lehrschrift ... Nur zwei Momente sind es, die auf einen bewußt stilisierenden Rhetor hindeuten: eine gewisse Hiatusvermeidung und eine sehr sorgfältig durchgeführte Rhythmisierung der Klauseln."[48] Die Darstellung des Inhalts ist allerdings nicht immer befriedigend, und zwar besonders durch das geringe Streben nach Verständlichkeit und Durchsichtigkeit des Gedankengangs. Man kommt insgesamt zu dem Eindruck, Apuleius habe mehr schriftstellerischen als philosophischen Ehrgeiz.

Das hat dann auch dazu geführt, daß Apuleius nicht versucht, die Platonische Philosophie tiefer, gründlicher zu verstehen, sondern lieber bei einer gewissen Oberflächlichkeit verharrt und auf dieser Ebene notfalls aristotelische und stoische Elemente hinzuzieht. Indem aber das eigentlich Platonische nicht zur Sprache kommt, fehlt zugleich damit auch das Philosophische.

Als dieses aber erscheint uns dreierlei: erstens die Lehre von der Idee des Guten, die ja zutiefst nichts anderes als eine Lehre vom Einen darstellt, vom letzten Seinsgrund, dem auf seiende Weise Seienden; zweitens die Lehre vom Aufstieg der philosophischen Erkenntnis bis zur letzten Begegnung mit dem einen und seiendsten Seienden; drittens die Lehre von der Lebensweise nach dieser Begegnung oder der Verwandlung des zu dieser Letzterkenntnis Gelangten. Diese Aspekte sind bei Apuleius und überhaupt bei den Philosophen des Mittelplatonismus verlorengegangen. Der tragende Grund des philosophischen Denkens ist damit in Vergessenheit geraten oder verdrängt. Die Philosophie wird zur Schulphilosophie, die man erlernen kann, wie man andere Themen des alltäglichen Lebens erlernen kann. Zum Glück kehrt mit dem Neuplatonismus Plotins die Philosophie wieder zu ihrem tieferen Wesen und Leben zurück.

5. Plotin als Interpret der Platonischen Philosophie

Die Überschrift zu diesem Kapitel ist angeregt von dem Buch des Gadamerschülers und späteren Kölner Philosophiehistorikers Karl-Heinz Volkmann-Schluck, dessen Titel und These wir dankbar übernehmen wollen.[49] Nach mehr als sechshundert Jahren nach dem Tode des Sokrates greift Plotin (205–270 n. Chr.) wieder auf die Philosophie Platons zurück und entwickelt ganz im Sinne der „ungeschriebenen Lehre" des Gründers eine Philosophie der Erfahrung des Einen und aus ihr eine Mystik, wie sie in dieser Weise und insbesondere in dieser Tiefe im Abendland noch nicht hervorgetreten war, so daß zugleich damit das außerhalb von Europa verbreitete Vorurteil über den europäischen Rationalismus glänzend widerlegt wurde.

I

Nach einigen Interpreten soll Plotin zu seiner Mystik durch indische Denker angeregt worden sein. Durch die Biographie des Plotinschülers Porphyrius wissen wir immerhin, daß der angeblich durch den Ägypter Ammonios Sakkas in die Philosophie eingeführte Plotin auch das philosophische Denken der Perser und Inder kennenlernen wollte (Vita Plotini 3,15). Auch habe dieser am Feldzug des Kaisers Gordian gegen die Perser teilgenommen, sei allerdings dabei lediglich nach Mesopotamien gekommen, wo der Kaiser im Frühjahr 244 ermordet wurde. Auf dem Rückweg aus dem Zweistromland über Antiochien ist Plotin schließlich nach Italien, insbesondere nach Rom gelangt. Im Jahre 270 ist er im kampanischen Minturnae gestorben. Er war also niemals in Indien, und es gibt auch keine Hinweise, daß er anderswo mit indischen Weisen zusammengekommen wäre. Ganz allgemein muß man sagen, daß die Griechen und die Römer wenig von der indischen Kultur wußten. Es gab wohl bemerkenswerte Handelsbeziehungen, jedoch hatten die Seefahrer und Kaufleute, von denen wir Berichte über Indien haben, wenig Interesse für die Philosophie der Inder, hielten höchstens auffällige Äußerlichkeit fest, etwa, daß die indischen Weisen nackt in den Wäldern philosophierten. Es bleibt daher nur übrig, daß sich der Charakter der Philosophie Plotins durchaus allein aus abendländischen Quellen herleiten läßt, vorwiegend natürlich aus Platon, jedoch gibt es außerdem Einflüsse aus Aristoteles sowie aus der hellenistischen Schulphilosophie.

II

Plotin war ein bedeutender Lehrer und hat starken Einfluß auf die Folgezeit ausgeübt. Sein Schüler Porphyrius hat nicht nur die schon erwähnte Biographie über seinen Meister veröffentlicht, sondern auch seine Werke herausgegeben, die er in sechs Neunergruppen (Enneaden) zusammenfaßte und nach denen noch heute fast allgemein zitiert wird (die von R. Harder vorgenommene chronologische Zählung hat sich nur bei wenigen Interpreten durchsetzen können). Über die Lehrweise Plotins, die sich vornehmlich auf die Platonischen Dialoge stützte, schreibt Porphyrius: „Bei den Zusammenkünften ließ er zunächst die Kommentare vorlesen, mochten sie von Severus sein oder Kronios, Numenios oder Gaios oder Attikos sowie von den Peripatetikern die des Aspasios, Alexander, Adrastos oder welcher gerade sonst zur Hand war. Niemals aber übernahm er einfach eine von ihren Lehren, sondern er war eigenständig und ungewöhnlich in seiner Sicht und trug den Geist des Ammonios (Sakkas) in die Untersuchungen hinein. Schnell war er dann damit fertig, gab mit wenigen Worten einer dunklen Lehre ihren Sinn und erhob sich" (Vita Plotini 72 f.).

Seine eigene Lehre hat er als eine Form des Platonismus und als Platonauslegung aufgefaßt. In der Abhandlung über die drei ursprünglichen Wesenheiten oder Hypostasen, von denen gleich noch kurz die Rede sein wird, schreibt er: „Diese Lehren sind also nicht neu, nicht erst jetzt, sondern schon längst ausgesprochen, wenngleich nicht klar und ausdrücklich, und unsere jetzigen Lehren stellen sich nur dar als Auslegung jener alten und die Tatsache, daß diese Lehren alt sind, erhärten sich aus Platons eigenen Schriften" (Enn. V 1,8).

Vom Inhalt her tritt die Eigenart des Plotinischen Philosophierens besonders deutlich hervor in der Abhandlung „Über das Gute oder das Eine" (Enn. VI 9). An die Platonische Philosophie erinnert Plotin in dieser Abhandlung mit dem Begriff des Guten. Mit dem dabei mitgemeinten Begriff des Einen aber nimmt er einen Grundbegriff der griechischen Philosophie auf, der eben nicht nur im Hintergrund der Platonischen Dialoge stand, sondern auch schon, wie wir im ersten und zweiten Kapitel gesehen haben, für Parmenides und Heraklit von zentraler Bedeutung war. So kann man mit den zusammenfassenden Sätzen von Hans Joachim Krämer aus seiner hervorragenden Tübinger Dissertation sagen: „Das Eine Plotins und der Neuplatoniker erweist sich, geschichtlich betrachtet, als das Eine Platons, das seinerseits unmittelbar auf das Eine Seiende des Parmenides zurückgeht."[50] Mit Plotin beginnt die Geschichte des Neuplatonismus und der Metaphysik des Einen.[51]

Es sei aber nicht verschwiegen, daß der Begriff des Einen auch außerhalb der abendländischen Philosophie als ein Grundbegriff der Philosophie und der Weisheit gilt. Zu denken ist hier nicht nur an die indische Upanischadenphilosophie, sondern ebenso auch an den chinesischen Taoismus mit Denkern wie Lao-tse und Chuang-tse sowie der damit verbundenen Mystik. Es handelt sich hier offenbar um allgemein-menschliche Urgedanken.

Zum Begriff des Einen, den Plotin im Sinne Platons mit dem des Guten und des Schönen, jedoch darüber hinaus dann mit dem Gottesbegriff verbindet, heißt es ferner (wobei außerdem noch an die Platonische Prinzipienlehre mit ihren Begriffen vom Einen und der unbegrenzten Zweiheit zu denken ist):

„So gilt es denn hier, hinaufzueilen zum Einen und ihm keinerlei sonstige Besinnung beizulegen, sondern ganz stillezustehen in der Furcht, sich von ihm nur um das geringste zu entfernen und in die Zweiheit hinauszuschreiten" (Enn. V 5,4).

Aus dem Einen aber geht die Vielheit des Seienden hervor, dies jedoch über mehrere Zwischenstufen, den zuvor schon andeutungsweise erwähnten drei Hypostasen. Zunächst geht aus dem Einen, dem „hen", dann der Geist hervor, der „nous", aus diesem schließlich die Seele „die psyché". Die Seele aber begibt sich in die vielheitliche und ihr fremde Welt der Leiber und überhaupt des Körperlichen. Das meint im Kern die Lehre vom Hervorgang der Dinge aus dem Einen. Es gibt aber auch eine Lehre von der Rückkehr, von der Rückwendung des aus dem Einen Hervorgegangenen wieder zum Einen, eine „epistrophé", die sich wieder mit dem Einen verbindet. Eine besondere Weise dieser Rückkehr ist die philosophisch-mystische Erkenntnis des Einen durch die Seele.

III

In vielen Darstellungen der Philosophie Plotins wird seine Hypostasenlehre als Hauptthema des Plotinischen Denkens angesehen, so in der mittelalterlichen Philosophie und Theologie, aber auch bei Hegel und sogar bei Marx. Andere Interpreten interessieren sich mehr für die Rückkehr des Denkens zum Einen. In seiner Dissertation schreibt J. M. Garrido Luceño: „Denn wenn auch viele Plotinausleger eine analytisch absteigende Darstellungsweise bevorzugen, kann kein Zweifel darüber bestehen, daß die wirkliche Richtung des Plotinischen Gedankens eine regressiv aufbauende ist.

Das Eine ist das Ziel, wohin die ganze Erfahrung konsequent hinführt, und keineswegs ein absolutes Deduktionsprinzip, aus dem die ganze Seinsordnung folgerichtig abgeleitet werden kann."[52] Ebenso schreibt Venanz Schubert in seinem Plotinbuch: „Das eigentliche Zentrum plotinischer Philosophie ... ist der Gedanke des Aufstiegs oder die Rückkehr zum Hen. Um ihn herum baut sich Plotins Philosophie auf ... Der Abstieg ist nur entworfen, um den Aufstieg zu ermöglichen."[53]

Dieser Aufstieg[54] setzt nun aber eine Wendung des Erkennenden auf sich selbst voraus, eine Wendung nach innen. Plotin fügt noch hinzu, daß man, um das Eine in den Blick nehmen zu können, sich von allem, was an anderem in der Seele sei, zu trennen habe. Das wird dann noch genauer ausgeführt: „Ist dem so, dann muß man sich von allem, was außen ist, zurückziehen und sich völlig in das Innere wenden. Man darf keinem Äußeren mehr zugeneigt sein, sondern muß, das Wissen von all diesem auslöschend, schon vorher in seiner eigenen Haltung, jetzt aber auch in der Gestaltung des Denkens, auch das Wissen von sich selbst auslöschend, in die Schau jenes (Einen) eintreten. Und ist man so mit ihm vereint und hat genug gleichsam Umgang mit ihm gehabt, so möge man (in die Vielheitswelt, K. A.) zurückkehren und, wenn man es vermag, auch anderen von dem Einssein, der ‚synousía' (mit dem Einen) Kunde geben" (VI 9,7). Plotin nimmt also den Platonischen Gedanken aus der Deutung des Höhlengleichnisses auf, nach welcher der zur höchsten Erkenntnis Gelangte zu den Gefangenen in der Höhle zurückgehen solle. Die Weitergabe des in der Schau des Einen Erfahrenen stößt aber auf Schwierigkeiten, da die Schau ja wortlos ist, wozu Plotin kurz zuvor vom Einen festgehalten hatte, daß ihm kein Name zukomme (VI 9,5). Danach wendet sich Plotin an die, welche schon einmal zur Schau des Einen gekommen sind. „Wer es aber geschaut hat, der weiß, was ich sage."

In einer anderen Abhandlung heißt es ganz ähnlich: „Steigen wir aber wieder hinauf zum Guten, nach welchem jede Seele strebt. Wenn einer dies gesehen hat, der weiß, was ich meine ..." (Enn. I 6,7). Plotin beruft sich also auf die Selbsterfahrung in der philosophischen Erkenntnis. Er setzt sich damit in Gegensatz zu einer verbreiteten Ansicht unter Philosophen und Wissenschaftstheoretikern. Diese sind nämlich der Meinung, philosophische Erkenntnisse müßten in jedem Falle logisch und empirisch beweisbar, von jedermann jederzeit nachprüfbar und intersubjektiv verständlich sein. Das sind nun keineswegs schlechte Grundsätze, vor allem nicht für diejenigen, die nichts wissen wollen oder sogar nichts wissen können von bestimmten subtilen, hintergründigen und gegenüber dem Alltagsdenken tieferliegenden Bewußtseinsgegebenheiten. Zu diesen gehört allerdings die Denkerfahrung des Einen, die entscheidende Voraussetzung alles wirklich ernsthaften und dabei Oberflächliches hinter sich lassenden, gemeinsamen Philosophierens. In der Abhandlung „Über das Gute" wendet sich Plotin nun an Denkende, mit denen ihn die grundlegende Erfahrung des Einen verbindet: „Wer es aber geschaut hat, der kennt, was ich sage, daß nämlich die Seele dann, wenn sie hinzutritt und schließlich ankommt und an ihm (d. h. dem Einen, K. A.) teilhat, ein neues Leben empfängt und diesem Zustand heraus erkennt, daß hier der Spender des wahren Lebens bei ihr ist und sie keines Dinges mehr bedarf; daß es vielmehr gilt, alles andere von sich abzutun und in ihm allein stille zu bleiben, es zu werden in reinem Alleinsein, alles übrigen uns entschlagend, was uns umkleidet" (Enn. VI 9,9). Zwei Momente sind bei dieser Stelle besonders hervorzuheben: einerseits das Existentielle, daß in der Schau des Einen das Leben wahrer und wirklicher werde, andererseits etwas Asketisches, allein das Eine aufzusuchen und alles andere abtut. Im Mittelalter wird bei Meister Eckhart zu diesem Thema von Gelassenheit und Abgeschiedenheit gesprochen werden.

Bei Plotin folgen dann aber einige eindrucksvolle Sätze, teils in geradezu hymnischer Sprache, zum religiösen und mystischen Charakter der Schau des Einen: „Daher trachten wir danach, von hier wegzugelangen, und murren über die Fesseln, die uns an das andere binden, damit wir endlich mit unserem ganzen Selbst (das Eine) umfassen und wir keinen Teil mehr in uns haben, mit dem wir nicht Gott berühren. Dort aber ist es möglich, ihn und sich selbst zu schauen, soweit ‚Schauen' dort das rechte (Wort) ist: sich selbst, von Glanz erhellt, erfüllt von geistigem Licht, vielmehr das Licht selbst, rein, schwerelos, leicht Gott geworden, vielmehr seiend; entzündet in diesem Augenblick, wenn man aber wieder schwer wird, gleichsam erlöschend" (VI 9,9). In diesen Sätzen kommt deutlich zum Ausdruck, was man später als die „unio mystica" zwischen Gott und der Seele des Menschen bezeichnet hat (vgl. dazu auch Enn. I 2,6).

Diese mystische Vereinigung geht so weit, daß es keinen Unterschied mehr zu geben scheint zwischen dem Erkennenden, der menschlichen Seele, und dem Erkannten, der Gottheit. Plotin fragt sich auch, ob man bei solchem Einswerden den Begriff von Subjekt und Objekt verwenden darf, und greift dann zu äußerst kühnen Formulierungen: „Das Geschaute aber – wenn man denn das Schauende und das Geschaute zwei nennen darf und nicht vielmehr beide eines – sieht der Schauende in diesem Augenblick nicht – die Rede ist freilich gewagt –, unterscheidet es nicht, stellt es sich nicht als zweierlei vor, sondern er ist gleichsam ein anderer geworden, nicht mehr er selbst und nicht sich selbst gehörend, ist einbezogen in das

Dortige und ihm zugehörig, ist eines in der Weise, indem er gleichsam Mittelpunkt mit Mittelpunkt berührt ... Deshalb ist die Schau (théama) auch schwer zu beschreiben, da er, während er es schaute, es nicht als ein Verschiedenes, sondern als mit ihm eines gesehen hat?" (Enn. VI 9,10). In der mystischen Schau ist der Einsgewordene aus sich selbst herausgetreten, ist außer sich in der Verfassung der Ekstase (ékstasis). Sie ist ein Zustand ohne ichhaftes Gefühl (thymós) und ohne Verlangen (epithymía), aber auch ohne Begriff (lógos) und Denken (nóesis).

Der Zustand solcher ekstatischen Einung kann mit der Einweihung in einen der antiken Mysterienkulte verglichen werden und offenbart damit zugleich den religiösen Charakter der Philosophie Plotins trotz allen Bemühens um Rationalität und Einsicht. Der religiöse Weihecharakter bedeutet aber nicht einen Bruch mit der Philosophie. Er stellt vielmehr die in seinem Wesen liegende Vollendung dar. Die Philosophie Plotins muß als eine philosophische Religion verstanden werden.

Fassen wir nun das Vorhergehende zusammen als charakteristisch für die Plotinische Philosophie: Hervorhebung des Einen, Gleichsetzung des Einen mit Gott oder dem Göttlichen, Beschreibung der „unio mystica" als Identität von Subjekt und Objekt sowie als „Erkenntnis ohne Erkenntnis".

IV

Weniger mystisch und noch in der Unterscheidung von Subjekt und Objekt verbleibend, äußert sich Plotin in seiner Abhandlung „Über das Schöne" (I 6). Sie ist die älteste in der Sammlung der Neunergruppen und scheint der Philosophie Platons noch näherzustehen. Diese Abhandlung war Goethe schon sehr früh bekannt. In der Einleitung zu seiner Farbenlehre findet sich ein Gedicht, das Goethe auf Worte eines alten Mystikers zurückführt und zu folgendem Gedicht umgeformt hat:

> „Wär nicht das Auge sonnenhaft,
> Wie könnten wir das Licht erblicken?
> Lebt nicht in uns des Gottes eigne Kraft,
> Wie könnt uns Göttliches entzücken?"

Es handelt sich bei Plotin um die Stelle I 6,9. Dort wird von der Schau des Schönen selbst gesagt, sie sei nur möglich, wenn das Auge des Schauenden von allem Schlechten und Bösen gereinigt sei. Und dann: „Man muß nämlich das Sehende dem Gesehenen verwandt und ähnlich machen, wenn man sich auf die Schau (théa) richtet; kein Auge könnte je die Sonne sehen, wäre es nicht sonnenhaft; so sieht auch keine Seele das Schöne, wenn sie nicht schön geworden ist. Es werde also einer zuerst ganz gottähnlich und ganz schön, wer Gott und das Schöne schauen will." Die Schau des Schönen vergleicht Plotin mit einer Flucht, und zwar mit einer Flucht und Reise aus der Fremde in das Vaterland, aus der Körperwelt in die Welt des Seelischen, aus der Außenwelt in die Innenwelt. Dazu geht Plotin dann zu folgender Überlegung weiter. „Was ist nun diese Reise und diese Flucht? Sie kann nicht mit den Füßen vollbracht werden, denn die Füße tragen uns nur von einem Land in ein anderes; es muß ... ein anderes Sehen einsetzen und wachrufen, was jeder hat, aber nur wenige anwenden" (I 6,8).

Der Text ist im Grunde klar genug. Dreierlei sei jedoch noch besonders hervorgehoben. Zunächst, daß der Blick des Schauenden nicht nach außen, sondern nach innen gerichtet werden soll. Zweitens wird von dem neuen Sehen betont, daß jedermann es wesenhaft besitze, also nicht nur der Philosoph. Jedermann hat also die Anlage mitbekommen, zur höchsten dem Menschen möglichen Erkenntnis zu gelangen, nur machen die meisten Menschen keinen Gebrauch von ihren äußersten Möglichkeiten. Drittens wird durch das Verb „wachrufen" (anegeírein) angedeutet, daß die Schau des Einen und des Schönen gewissermaßen jederzeit bereitliegt und nur zum Leben gebracht werden muß.

Bei Plotin verbindet sich der Gedanke des Aufstiegs zur Schau des mit dem Einen und Göttlichen identischen Schönen mit dem asketischen Gedanken der Trennung der Seele vom Körperlichen, das als das die Schau Hinderliche verstanden wird. Der Körper ist es auch, der durch die Sinne die Aufmerksamkeit nach außen lenkt, während die Schau des Schönen eine Hinwendung zur Innerlichkeit verlangt. Schon bei Platon war ja die Befreiung der Seele vom Körper als „Reinigung" und „Katharsis" gesehen worden. Bei Plotin gilt jede Tugend (areté) als Weise der Katharsis. Daher ist für ihn „auch die Besonnenheit und die Tapferkeit und jede Tugend eine Reinigung und auch die Weisheit selbst eine Reinigung (der Seele vom Körper)". Im einzelnen führt Plotin dazu aus: „Was ist denn auch wahre Besonnenheit anderes als ein Sich-nicht-Vermischen mit den Gelüsten des Körpers, als ein Dies-Fliehen als etwas Nicht-Reines und eines Reinen Unwürdiges? Die Tapferkeit ist Furchtlosigkeit vor dem Tod; der Tod aber ist Getrenntheit vom Körper, die der nicht fürchtet, der es liebt, allein (d. h. von seinem Körper getrennt) zu sein. Seelengröße aber ist Verachtung des Hiesigen. Die Weisheit wiederum ist Abwendung vom Niederen, indem sie die Seele zum Hohen führt" (Enn. I 6,6). Auch in der Abhandlung I 2 (Über die Tugenden) hat Plotin die Tugenden als Katharsisformen beschrieben. Wenn daher die Seele allein durch sich selbst wirkt und sich von allen Einwirkungen des Körpers befreit, so erreicht sie die „Gleichwerdung mit Gott", die „homoíosis pros theón", „denn das Göttliche ist ebenfalls rein und sein Wirken ist von derselben Art" (Enn. I 2,3). Der Gedanke der Katharsis als Befreiung der Seele vom Körperlichen ist in der Mystik des Abendlandes immer wieder aufgenommen und weiterentwickelt worden.

V

Abschließend noch einige Hinweise zur Geschichte der Plotinischen Philosophie. Diese Geschichte beginnt mit Marsilio Ficino (1433–1499), von dem im ersten Kapitel des dritten Teils die Rede sein wird. Ficino hat Plotin als erster im Abendland nicht nur aus dem Griechischen übersetzt und kommentiert (1492), sondern auch die Einteilung seiner Schriften in Neunergruppen und Kapitel vorgenommen. Man hat ihn daher auch als den ersten Plotinforscher bezeichnet.

Von Proklos wird im letzten Kapitel dieses ersten Teils, allerdings nur kurz, gesprochen werden; im zweiten Teil dann in den Kapiteln über Augustinus, Dionysius Areopagita und den von diesen Autoren beeinflußten Denkern des mittelalterlichen Platonismus wie Meister Eckhart oder Nikolaus von Kues. Für die moderne Philosophie hat W. Beierwaltes an Novalis, Goethe, Schelling und Hegel erinnert.[55] Venanz Schubert nennt darüber hinaus noch Bergson. Der Schriftsteller Albert Camus hat seine Examensarbeit als Philosophielehrer am Gymnasium über das Thema der Beziehungen zwischen Hellenismus und Christentum verfaßt und sich dabei auf Plotin und Augustinus bezogen.[56] Auch in seinem literarischen Schaffen kommt Camus gelegentlich auf Plotin zurück. So heißt es denn auch in dem Roman „Noces" (in der deutschen Fassung: „Hochzeit des Lichts"), der Mensch sehne sich von Zeit zu Zeit mit allen Fibern nach der Heimat seiner Seele. „Und ist es denn so erstaunlich, daß man diese Vereinigung, die Plotin ersehnte, hier auf Erden findet?"[57]

In der Philosophie der Gegenwart scheint Plotin nur noch die Historiker zu interessieren. Im allgemeinen Bewußtsein selbst der Gebildeten spielt er trotz einer vorübergehenden und dazu auch wenig ernsthaften Aufgeschlossenheit für Mystik keine Rolle mehr. Aber gerade in einer durch seine Äußerlichkeit und Oberflächlichkeit, seine Vergnügungssucht, Lieblosigkeit und Friedlosigkeit ausgezeichneten Epoche muß zur Bewahrung des Menschentums dringend die Innenwendung der geistigen Sicht, die Rückkehr zur Innerlichkeit angemahnt werden. Auf dem Felde der Philosophie könnte hier die Beachtung eines Denkers wie Plotin mehr als nützlich und heilsam sein.

6. Die Systematisierung des Neuplatonismus: Proklos

Im Jahre 529 n. Chr. machte der byzantinische Kaiser Justinian der platonischen Akademie in Athen ein Ende. Das Edikt des oströmischen Kaisers beendete damit das Wirken einer philosophischen Institution, die bis dahin fast tausend Jahre Bestand und teilweise auch erheblichen Einfluß hatte. Als wichtigster und folgenreichster Nachfolger des Schulgründers Platon gilt wohl mit einem gewissen Recht der 410 in Konstantinopel geborene Proklos, der die Schule bis zu seinem Tod im Jahre 485 leitete. Sein philosophiehistorisches Verdienst besteht vor allem in der Sammlung, systematischen Ordnung und Bearbeitung der wichtigsten nachplotinischen Schriften, wodurch er sich schließlich den Ruf des „großen Scholastikers des Altertums" erworben hat. Zur Weiterbildung in der Sache der Philosophie Plotins und des Neuplatonismus überhaupt hat er allerdings kaum etwas beigetragen, und unter diesem Gesichtspunkt kann man durchaus sagen, daß Proklos als philosophischer Denker gemeinhin weit überschätzt wird.

I

Im allgemeinen aber hat Proklos unter Philosophiehistorikern einen ausgesprochen guten Ruf. Das geht nicht zuletzt auf Hegel zurück. Für ihn ist Proklos „die Spitze der neuplatonischen Philosophie" (WW 19, 93). Werner Beierwaltes, der im letzten Drittel des 20. Jahrhunderts ein grundlegendes Proklosbuch verfaßt hat,[58] bezieht sich in einem später veröffentlichten Aufsatz auf die schon mehrfach angenommene „Geistesverwandtschaft" zwischen Hegel und Proklos.[59] Beierwaltes beabsichtigt in seinem Aufsatz „das Hegelsche in Proklos und das Proklische in Hegel zu eruieren. Beides, das Hegelsche und das Proklische, weisen trotz der wesentlichen Differenzen auf einen klar umgrenzbaren In-differenzpunkt, der die Kontinuität philosophischer Probleme überhaupt anzeigt."[60] Dazu indessen jetzt keine weitere Stellungnahme.

II

Hier nur noch einige ergänzende und nicht zuletzt kritische Anmerkungen zu Proklos und seiner Philosophie. Diese erscheint wie bei allen Neuplatonikern als Auslegung der Lehre Platons. Proklos hat Kommentare zu einzelnen Platonischen Dialogen verfaßt, dazu noch zwei größere Werke: die Abhandlung „Über die Theologie Platons" (Eis ten Plátonos theologían; In Platonis theologiam) sowie das Thesenwerk „Theologische Elementenlehre" (Stoicheíosis theologiké; Elementatio theologica). Diese letztgenannte Schrift hat besonderen Einfluß gehabt auf den Platonismus des Mittelalters. So zitiert Meister Eckhart, der selber ein riesiges Thesenwerk geplant hatte, mehrfach die erste These des Proklos. Um ein Beispiel aus dieser Schrift und vom Stil des Proklos zu geben, führe ich hier die deutsche Übersetzung der ersten These an, die wir Ingeborg Zurbrügg verdanken:

„Alles Mannigfaltige partizipiert in irgendeiner Weise am Einen.

Wenn es nämlich in keiner Weise partizipierte, dann wird weder das Ganze Eines noch ein jeder Teil von den Vielen, aus welchen das Mannigfaltige besteht, sondern ein jeder Teil wird Mannigfaltigkeit sein und dieses ad infinitum, und von diesen Unendlichen wird ein jeder wiederum eine unendliche Mannigfaltigkeit sein. Das, was in keiner Weise am Einen partizipiert, weder in seiner Totalität noch in jedem seiner Komponenten, wird unendlich sein auf alle Weise und in allen seinen Teilen. Denn ein jedes von den vielen, welches man auch immer nehmen mag, wird entweder eines oder nicht eines sein. Und wenn es nicht eines ist, dann vieles oder nichts. Wenn aber ein jeder Teil nichts ist, dann ist auch das aus diesen Gebildete nichts, wenn vieles, so wird ein jedes aus einer Unendlichkeit von Unendlichen (gebildet). Das ist unmöglich: denn es gibt nichts, was aus einer Unendlichkeit von Unendlichen gebildet ist (und der Grund ist, wenn das Ganze größer ist als die Teile, so duldet das Unendliche nichts, was größer ist als es selbst), noch kann nichts aus Teilen gemacht werden, die nichts sind. Alles Mannigfaltige partizipiert also in irgendeiner Weise am Einen."[61]

Man fragt sich freilich, ob man, um zu diesem Ergebnis zu kommen, nicht vielleicht noch einen einfacheren Weg hätte gehen können. Ein solcher Text kann in der Tat abschreckend wirken, wenn man nicht besonders an Logik und Syllogismen interessiert ist. In ihrem Kommentar zur ersten These fügt die Herausgeberin der „Elementatio", Ingrid Zurbrügg, in ihrem „Enchiridion" (in welchem sie ihre Übersetzung der „Elementatio" erläutern, kommentieren und vertiefen will) dann lediglich hinzu: „Bei der Interpretation der 1. Proposition ist eine Beziehung zu Platons Parmenides und der 1. Hypothese 137cff. unverkennbar und Proklos kommt zu dem Schluß, daß es reine Pluralität nicht gibt."[62]

Im Mittelalter war, wie schon erwähnt, diese Schrift des Proklos mit ihren 211 Thesen äußerst angesehen. Mit seinem auf über tausend Thesen geplanten „Opus propositionum" trat Meister Eckhart in Konkurrenz mit der „Elementatio" des Proklos. In der Neuzeit ließ dieses Interesse mehr und mehr nach. Bei Schopenhauer gab es sogar vernichtende Kritik, die einzelne Sätze, z. B. die These 76 über den Begriff der „unbewegten Ursache" mit dem zugehörigen Kommentar, als „Vernünftelei des faden Schwätzers Proklos" charakterisierte.[63]

III

Überhaupt macht die Philosophie des Proklos ganz allgemeinen den Eindruck bodenloser, rein verstandesmäßiger Konstruktion, vor allem durch sein Triadensystem. Das Vorbild dieser zahllosen Proklischen Triaden ist die von „moné" (Bleiben), „próodos" (Hervorgang) und „epistrophé" (Rückkehr). Gemeint ist theologisch zunächst das Verweilen in der Ursache schlechthin, nämlich in Gott; sodann das Heraustreten des Verursachten, also der Geschöpfe, aus Gott, ihrer Ursache; schließlich als Drittes und Letztes die Rückkehr zu Gott. In der Erfindung gleichartiger Triaden ist Proklos unermüdlich. Nehmen wir einige weitere Beispiele: Grenze – Unbegrenztes – Gemischtes (aus Begrenztem und Unbegrenztem); Sein – Selbigkeit – Andersheit; Anfang – Mitte – Ende; Erstes – Mittleres – Letztes; Gedachtes – Gedachtes zugleich mit Denkendem – Denkendes; Sein – Leben – Geist. Beierwaltes nennt noch andere Begriffsgestalten solcher Triadenphilosophie und gibt dazu anerkennenswerter Weise noch ausführliche Erläuterungen, die immerhin diejenigen interessieren könnten, die sich noch weiter mit Einzelheiten der Proklischen Theorien zu befassen vorhaben. Insgesamt hält er dazu fest: „die ‚triadische Gestalt' ist nicht ein dem Sein oder dem Denken äußerliches ‚Klassifikations-Schema', das nur formale Bedeutung hätte, sondern konstitutives Element der Denkbewegung und jedwedes Seienden, das in je anderer Dimension von Seiendem je anders als immer mit sich selbig seiende Sinnstruktur erscheint."[64] Wer freilich von Philosophie mehr verlangt als derartige erfahrungsferne Rätselgedanken, zu deren Auflösung zweifellos viel Scharfsinn anzuwenden ist, wird von der Beschäftigung mit der Triadenphilosophie des Proklos gerne Abstand nehmen.

IV

Einen ganz anderen Eindruck erhält man von Proklos und seiner Philosophie, wenn man unter den Kommentaren zu einzelnen Platonischen Dialogen sich dem Kommentar des Proklos zum Dialog „Parmenides" zuwendet. Dieser bedeutende Dialog hat zwei sehr verschiedene Teile. Im ersten

Teil geht es um eine kritische Untersuchung der Platonischen Ideenlehre, während der zweite Teil als eine dialektische Übung vorgeführt und vielfach auch so verstanden wurde, und zwar nicht nur in der Antike, sondern gerade auch, jeweils teilweise, in der Philosophie der Neuzeit und der Gegenwart.

Der zweite Teil besteht nun aus acht oder (nach anderen) aus neun Beweisgängen. Wir halten uns hier allein an den ersten, der für die Geschichte des Platonismus, genauer gesagt: des Neuplatonismus, von höchster Bedeutung gewesen ist. Schon bei Plotin wird deutlich, daß in der neuplatonischen Platondeutung der Begriff des Einen (hen) im Zentrum des Denkens steht und das in zweierlei Hinsicht: Erstens steht das Eine hoch über dem Sein, zweitens ist das Eine identisch mit Gott. In diesen beiden Punkten ist Proklos mit Plotin völlig einer Meinung. Warum aber halten sich die Neuplatoniker und insbesondere Proklos fast ganz an den ersten Beweisgang, die erste Hypothesis des Parmenidesdialogs? Indem Proklos in dieser ersten Hypothesis das hypothetisch Gesetzte (nämlich: „wenn das Eine ist") als absolut nimmt und das seiende Eine dann mit Gott gleichsetzt, so hat hier der zentrale Gedanke der Proklischen Philosophie seine Grundlage gefunden.

Am Schluß des Parmenideskommentars bleibt Proklos aber nicht stehen beim Begriff des Einen und dem Gottesbegriff, sondern geht weiter zu dem Weg der Seele zum Einen und zur Einigung der Seele mit dem als Gott erkannten Einen. Hier nähert sich Proklos einer philosophischen Mystik und einer philosophischen Deutung der „unio mystica", was dann verständlich macht, daß es in der deutschen Mystik nicht wenige Zitate aus Proklos gibt.

V

In der deutschen Übersetzung, die Rainer Bartholomai seiner zweisprachigen Ausgabe des von Raymond Klibansky entdeckten Textes beigegeben hat, finden sich die folgenden Sätze: „Wenn die Seele zum Denken emporsteigt, (dann) steigt sie mit der Vielfalt ihrer Möglichkeiten auf, aber sie läßt alles, was ihr angeboren war und was ihre Tätigkeit aufspaltet, zurück. Weiter hinaufgestiegen und selbst Denken geworden, drängt sie das seiende Eine dazu, sie zum Einen selbst zu führen, um damit eins zu werden."[65] Da man zum Begriff des Einen auch durch den bloßen Verstand gelangen kann, indem man alles Vielheitliche verneint, erinnert Proklos nochmals an den Weg der Einswerdung und betont kritisch: „Die Negationen oder die ganze Dialektik führen uns nur bis zum Vorhof des Einen dadurch, daß sie alles Geringere fortnehmen und die Hemmnisse entfernen, die der Schau des Einen im Wege liegen."[66] Zur Dialektik heißt es im gleichen Sinne noch zusätzlich, sie sei „nur die Vorbereitung für das Streben zum Einen und nicht das Streben selbst. Doch muß nicht nur von diesem gereinigt werden. Auch das Streben selbst muß verlöschen. Am Ende ist die Seele zusammen mit dem Einen und in ihm eingeschlossen."[67] In solchen Sätzen erweist sich Proklos als echter Nachfahre Plotins und als Vollender des antiken Neuplatonismus. So bleibt sein Bild im Urteil der Geschichte der Philosophie schwankend.

VI

Daß Proklos zugleich auch Bedeutung für die Mystik hatte, beweisen die zahlreichen Zitate bei Meister Eckhart und auch gelegentlich bei Tauler aus der „Elementatio theologica", die der flämische Dominikaner Wilhelm von Moerbeke (ca. 1215–1268) aus dem Griechischen hergestellt hatte und für die Philosophie und Theologie des Mittelalters von größter Bedeutung gewesen ist.[68]

Wir schließen damit den ersten Teil unserer Platonismusstudien, die sich mit der Philosophie der Antike beschäftigten. Zugleich blicken wir schon voraus auf den zweiten Teil, in welchem es um den Platonismus im christlichen Mittelalter gehen soll. Der antike Neuplatonismus und insbesondere die Einheitsphilosophie des Proklos leiten dabei recht glücklich zum christlichen Denken hinüber.

II. Teil:
Mittelalter

1. Christentum und Neuplatonismus: Dionysius Areopagita

Der Begriff des Mittelalters hat an sich einen negativen Sinn. Es ist die Zeit zwischen Altertum und Neuzeit, etwas Mittleres dazwischen, eine Zwischenzeit, ein „medium aevum". In seinen Vorlesungen über die Geschichte der Philosophie will Hegel über die tausend Jahre des Mittelalters wie mit „Siebenmeilenstiefeln" hinweggehen (WW 19, 99). Zum Mittelalter gehört aber ein bedeutender Platonismus, so daß wir uns hier doch ein wenig länger aufhalten müssen. Auf den Platonismus des Mittelalters hat u. a. Josef Koch aufmerksam gemacht.[69]

Im ersten Kapitel des zweiten Teils blicken wir zunächst auf die ganz frühen Anfänge des Christentums zurück, nämlich auf die Areopagrede des Apostels Paulus, von der die Apostelgeschichte berichtet. In seiner zweiten Missionsreise war Paulus auch nach Athen gekommen, hatte zu Beginn bei Stoikern und Epikureern gesprochen, dann aber auf einer Versammlung des Areopags, dessen Name sich von dem ursprünglichen Sitzungsort des angesehensten Gerichtshofs der Stadt, dem Areshügel in der Nähe der Akropolis, ableitet. Die auch nach heutigen Gesichtspunkten eindrucksvolle Rede über den „unbekannten Gott" verlor aber bei den Athenern alles Interesse, als der Apostel von der Auferstehung der Toten sprach (wonach er anschließend näher auf Jesus zu kommen gedachte). So konnten nur wenige Zuhörer zum Christentum bekehrt werden, unter ihnen ein gewisser Dionysios, Mitglied des Areopags (lat. Dionysius Areopagita) (Apg. 17,19–34).

I

Um 500 n. Chr. tauchten dann plötzlich zehn Briefe und vier bedeutende philosophisch-theologische Werke auf, deren Verfasser sich als Dionysius Areopagita bezeichnete: „Über die Namen Gottes", „Über die mystische Theologie" sowie „Über die himmlische Hierarchie" und „Über die kirchliche Hierarchie".

Diese Schriften fanden recht bald unter den gläubigen Christen höchste Beachtung. Hier schien das von Paulus zum Christentum bekehrte angesehene Athener Ratsmitglied zu den Gläubigen die letzten Tiefen der christlichen Lehre mitzuteilen. Die hervorragendsten Philosophen und Theologen des Mittelalters verfaßten Kommentare zu einzelnen Schriften des „Corpus Areopagiticum".

Als im Jahre 827 der byzantinische Kaiser Michael dem römischen Kaiser Ludwig (mit dem Beinamen „der Fromme") in Paris eine Prachthandschrift mit den Werken des für den Areopagiten gehaltenen Autors schenkte und man danach dann im 9. Jahrhundert den vermuteten Paulusschüler noch mit dem Märtyrer Dionysius identifizierte, den angeblichen ersten Bischof von Paris, stieg die Verehrung des geheimnisvollen Verfassers der dionysischen Werke in Frankreich und vor allem in Paris, der Stadt mit ihrer berühmten Universität, fast ins Unermeßliche. Hilduin, der Abt des Klosters St. Denis, und bald darauf Johannes Scottus Eriugena lieferten Übersetzungen der dem Areopagiten zugeschriebenen Werke. Nach einer verbreiteten Legende soll der Märtyrer Dionysius in der zweiten Hälfte des 3. Jahrhunderts auf dem deshalb auch „Montmartre" genannten Hügel enthauptet und danach an der Stelle begraben worden sein, über der sich heute die Kathedrale Saint-Denis erhebt. Die französischen Könige ließen sich hier begraben. So wurde Dionysius zum französischen Nationalheiligen.

Zwar traten schon im Mittelalter (so bei Abaelard) und noch mehr in der Renaissance (Laurentius Valla und Erasmus von Rotterdam) vorsichtige Zweifel an der Identität des Verfassers mit dem Areopagmitglied auf. Aber noch der evangelische Theologe Gottfried Arnold (1666–1714) hielt den Dionysius vom Areopag für den Autor der „Dionysiaca" und vermutete, daß diese von den frühen Christen lange im Verborgenen gehalten und später von neuplatonischen Philosophen wie Proklos in ihrem Sinne überarbeitet worden seien. Im 20. Jahrhundert sogar hat Gerd-Klaus Kaltenbrunner in einem übrigens großartigen Buch sich auf Arnold berufen. Jedoch fand man endlich am Ende des 19. Jahrhunderts heraus, daß der Autor des Corpus Areopagiticum Schriften des Neuplatonikers Proklos (410–485) benutzt haben mußte. Danach erhielt der Autor den Namen „Pseudo-Areopagita" und kam damit in den Ruf eines Fälschers. Inzwischen hat es sich jedoch immer mehr durchgesetzt, dem Autor den Ruf eines Fälschers wieder zu nehmen und etwa als Grund für die Übernahme des Pseudonyms die innere Identifizierung des Autors mit dem Paulusschüler zu vermuten.

II

Nach diesem Vorspiel können wir uns jetzt dem Inhalt der dionysischen Schriften zuwenden. Sie finden sich in der Sammlung der Patrologia Graeca des Verlegers Migne (PG), wir zitieren aber außerdem nach der im 9. Jahrhundert angefertigten lateinischen Übersetzung. Unter ihnen ist die philosophisch wichtigste die Schrift „Über die göttlichen Namen" (De divinis nominibus, abgekürzt DN).

In der Bibel wird Gott mit vielen Namen benannt. Von besonderem Wert ist für uns natürlich der Name, den Gott sich selbst im Buch Exodus gegeben hat: „Ich bin der Seiende" (Ex. 3,14). Dazu heißt es: „Der Name ‚der Seiende' ... erstreckt sich über alles Seiende und ist über alles Seiende erhaben" (DN V 1, PG 3,816). Die Erhabenheit Gottes über alles nichtgöttliche Seiende bedeutet zugleich, daß er überseiendhaft oder überwesentlich ist. Als der überseiende Seiende oder der Seiende schlechthin ist Gott dann zugleich die schöpferische Ursache alles außergöttlichen Seienden, das Sein für alles, was irgendwie ist (DN V 4, PG 3,818). Dionysius verbindet im Sinn der neuplatonischen Philosophie den Seinsgedanken mit dem Gedanken der Ewigkeit und Überzeitlichkeit.

Wichtiger als der Seinsname sind für Dionysius noch andere Gottesnamen wie „der Eine", „der Gute" oder „der Schöne". Sowohl im Alten wie im Neuen Testament ist Gott als der Eine bezeichnet. Der Satz „Gott ist einer" findet sich Deut. 6,4 und Gal. 3,20. Ein christlicher Philosoph konnte von dort aus die neuplatonische Lehre vom Einen (die sich, wie wir den Arbeiten von H. J. Krämer und K. Gaiser entnehmen können, schon bei Platon finden) leicht mit den biblischen Aussagen verbinden. Daher ergab sich auch für Dionysius im Schlußkapitel über die Gottesnamen die Verbindung von Bibel und der neuplatonischen Lehre vom Einen, die sogar als besonders wichtig festgehalten wird: „Das Eine aber wird Gott genannt, weil er gemäß des überragenden Vorzugs der einen Einheit auf einartige Weise alles ist, und weil er, ohne aus dem Einen herauszutreten, die Ursache von allem ist. Denn nichts von allen Dingen ist ohne Anteil an dem Einen, vielmehr wie jede Zahl an der Einheit Anteil hat, ... so hat das Weltganze und jedes Teilchen desselben Anteil an dem Einen, und alles ist nur dadurch im Sein, daß das Eine ist" (DN XIII 1; PG 3, 977). Dazu weist Dionysius auf die biblischen Bestätigungen der Lehre vom Einen hin: „Deshalb preist die Theologie die ganze Urgottheit als Ursache von allem mit der Benennung des Einen: einer ist Gott der Vater, einer unser Herr Jesus Christus, einer und derselbe der Geist durch die überschwengliche Unteilbarkeit der ganzen göttlichen Einheit, in der alles einig zusammengefaßt und übergeeint ist und überseiend im voraus besteht" (DN XIII 3, PG 3, 980).

Ein anderer zentraler platonischer und neuplatonischer Begriff ist ebenfalls im Neuen Testament anzutreffen, nämlich bei Lukas: „Niemand ist gut außer allein Gott" (Lk. 18, 19). Gott ist für Dionysius der wesenhaft Gute, so daß sich die Gottheit durch ihr Sein auf alles Seiende ausbreitet. Zum Wesen des Guten gehört, daß es sich verströmt („bonum est diffusivum sui"). Daher ist auch „alles Seiende, insofern es ist, gut und aus dem Guten; insofern es aber des Guten beraubt ist, ist es weder gut, noch hat es Sein" (DN IV 20). Damit ist zugleich gesagt, daß das Übel nichtseiend ist. Sein Wesen als Übel besteht im Mangel an Sein. So macht das Gute als Gutes das Seiende überhaupt erst seiend. Es selbst aber steht über dem Sein (DN IV 3; PG 3, 697).

In den Gottesnamen des Seienden, des Einen und des Guten verbindet sich also biblisches und philosophisches Denken, Christentum und Neuplatonismus.

III

Die zweite der dem Areopagiten zugeschriebenen Schriften trägt den Titel: „Über die mystische Theologie" (De mystica theologia, abgekürzt zitiert Mth). Die Schrift wendet sich an einen sonst nicht näher bekannten Timotheus. Der Verfasser beginnt gleich am Anfang seines Werks mit verschiedenen für die philosophische Mystik grundlegenden Gedanken: „Wenn du aber, lieber Timotheus, dich ernsthaft um die mystische Schau bemühst, so verlasse die sinnliche Wahrnehmung und das (rationale) Denken, alle Sinnendinge und Denkinhalte, alles Nichtseiende und Seiende, und strebe, soweit dies (für Menschen) möglich ist, erkenntnislos zum Geeintwerden mit dem über dem Sein und Erkennen Stehenden empor" (Mth 1,1; PG 3, 997). Es geht also zuletzt um „mystische Schau", jedoch, wie sich ergibt, nicht um eine Schau, in welcher der Anschauende und der Angeschaute voneinander geschieden sind. Es geht vielmehr um eine Schau, in welcher Subjekt und Objekt identisch sind, um eine „unio mystica" des schauenden Erkennens. In dieser mystischen Vereinigung hat sich der Erkennende nämlich in seiner Erkenntnis verloren und kann also im Sinne des üblichen Erkenntnisbegriffs nicht mehr erkennen im Sinne der Trennung von Subjekt und Objekt. Es wird aber geschaut und folglich auch erkannt, jedoch allein in einer außergewöhnlichen Weise, nämlich in der Weise erkenntnisloser Erkenntnis, in welcher nur Überseiendes und Übererkenntnismäßiges bewußt wird (wie sich Dionysius in seiner zur Überschwenglichkeit neigenden Sprache ausdrückt).

Die erkenntnislose mystische Schau wird aber in einem Erkenntnisweg gewonnen, der in drei Schritten oder drei Stufen geschieht. Diese Stufen finden sich schon im Platonischen Höhlengleichnis, nach welchem der zuletzt zur höchsten Erkenntnis gelangende Höhlenbewohner sich aus seiner anfänglichen Verfassung befreit, sodann auf dem Aufstiegsweg in immer hellere Stufen gelangt und schließlich den Blick in die Sonne erreicht. Es handelt sich nach neuplatonischer Deutung um die drei Stufen der Reinigung (Katharsis), der Erleuchtung (Photismos) und der Vereinigung (Henosis).

Diese Stufen erläutert Dionysius dann mit einem eindrucksvollen Beispiel aus dem Alten Testament (Exod. 19, 16–26): „nicht ohne tiefere Bedeutung ist es, daß dem göttlichen Moses zunächst befohlen wird, sich zu reinigen und sich dann von den Nicht-Reinen abzusondern, und daß er dann, nachdem die Reinigung ganz vollzogen ist, vielstimmige Trompeten hört, vielfältige Lichter sieht, welche reine, vielfältig ergossene Strahlen als Blitze von sich aussenden, daß er dann von dem Vielfältigen abgesondert wird." Hier haben wir also die Stufe der Reinigung. Dann geht die Beschreibung des Weges zum Gottesberg Sinai weiter, wo auf der Stufe der Erleuchtung der Hinaussteigende: „mit ausgewählten Priestern auf die Höhen der göttlichen Stufen des Aufstiegs eilt, und auch dort ihn (d. h. Gott) nicht schaut, denn er ist unschaubar, sondern (er schaut nur) den Ort, wo er ist. Das aber bedeutet, ... daß das Göttlichste und Höchste im Sichtbaren und Denkbaren nur ein andeutender Ausdruck für das ist, was unter dem alles Überragenden steht, wodurch uns seine über allem Begreifen stehende Gegenwart offenbar wird, welche über die geistigen Höhen des ihm geheiligten Ortes dahinschreitet." Die dritte und letzte Stufe, die Stufe der Einigung, der Henosis, beschreibt Dionysius schließlich folgendermaßen: „Und dann macht er sich los von allem, was gesehen werden kann und was sieht, und sinkt hinein in das wahre mystische Dunkel des Nicht-Erkennens, in welchem er sein inneres Auge aller erkennenden Auffassung verschließt, und tritt ein in das ganz Unfaßbare und ganz Unsichtbare, ganz dem angehörend, welcher jenseits von allem ist, und niemandem mehr angehörend, weder sich noch einem anderen, geeint mit dem Höchsten, mit dem völlig Unerkennbaren, durch das Stillstehen aller Erkenntnis, übergeistig erkennend dadurch, daß er nichts erkennt" (Mth 1,3; PG 3,100 f.).

IV

In der Reihe der Werke des Dionysius kommen wir nun zu den beiden letzten großen Schriften, die wohl auch zeitlich als letzte verfaßt worden sein dürften: die Schriften „Über die himmlische Hierarchie" (De caelesti hierarchia) und „Über die kirchliche Hierarchie" (De ecclesiastica hierarchia). Diese beiden Schriften haben später dem Areopagiten den Ehrennamen eines „Doctor hierarchicus" eingebracht. Zum Begriff der Hierarchie bemerkt Dionysius: „Meiner Ansicht nach ist die Hierarchie eine heilige Ordnung (táxis hierá), heiliges Erkennen und Tun, das sich dem Göttlichen soweit wie möglich angleicht und gemäß den von Gott eingegebenen Erleuchtungen zur Gottähnlichkeit steigert" (CH 3,1; PG 164D). Die Hierarchie hat demnach zwei Seiten. Sie ist einerseits Seinsverfassung, andererseits Handlungsanweisung.

Die Einswerdung mit Gott, zu der das Handeln hinführen soll, geschieht auch in den hierarchischen Büchern in den drei Schritten, von denen schon bei der Betrachtung der Schrift über die mystische Theologie die Rede war, nämlich als Reinigung, Erleuchtung und Vollendung oder Vereinigung. Zu dieser Dreistufung ist der Dionysus höchstwahrscheinlich wieder durch Proklos angeregt worden. In der Schrift über die himmlische Hierarchie werden diese Handlungsschritte noch verschiedenen Ordnungsstufen zugeteilt: „Es müssen nämlich ... diejenigen, welche gereinigt werden, zu einer ganz vollkommenen Lauterkeit geführt und von jeder fremdartigen Beimischung befreit werden. Diejenigen, welche erleuchtet werden, müssen mit dem göttlichen Licht erfüllt und mit ihren heiligsten Geistesaugen zur beschaulichen Verfassung und Befähigung erhoben werden. Diejenigen schließlich, die vollendet werden, müssen aus dem Zustand der Unvollkommenheit herausgehoben und dem vollkommenen Wissen der geschauten heiligen Geheimnisse teilhaftig gemacht werden" (CH 3,2; PG 3, 165).

Einige Bemerkungen nun noch zu der Schrift über die kirchliche Hierarchie: „De ecclesiastica hierarchia" (zitiert EH). Die heilige Ordnung der Hierarchie hat nach Dionysius im Sinne des neuplatonischen Denkschemas Gott sowohl als Ausgangspunkt wie als Ziel oder, wie H. Rausch bemerkt: „das Unendliche geht auf dem Wege der hierarchischen Stufung in das Endliche über, und das Endliche kehrt auf ihm zum Unendlichen zurück. Als Abbild der geistig-kosmischen Ordnung ist auch die kirchliche Ordnung hierarchisch gegliedert."[70] In dieser Hierarchie liegt zugleich eine Aufforderung an den Menschen: „Vergöttlichung ist wiederum das höchstmögliche Ähnlichwerden und Einswerden mit Gott" (EH I 3; PG 3, 376).

Das Streben nach dieser Einswerdung geschieht als Beschreiten eines Stufenweges. Sie entspricht dem, was wir schon aus der Schrift über die himmlische Hierarchie kennengelernt haben. Die erste Stufe wird erreicht als „die völlige und unwiderrufliche Abkehr vom Gegenteil", nämlich vom Gegenteil des Einen, der Vielheit also. Das ist die Stufe der Katharsis, die Stufe der Reinigung. Die nächste Stufe ist die des Photismos oder der Erleuchtung. Sie besteht in der „Kenntnis der Dinge in ihrem eigentlichen Sein". Der nächste Schritt führt dann zur letzten und endgültigen Stufe, zur Stufe der Vollendung, der Teleiosis. Sie ist nach Dionysius „das Schauen und Verstehen der heiligen Wahrheit, die gotterfüllte Teilnahme an der eingestaltigen Vollendung, ja (die Teilnahme) am Einen selbst, soweit dies möglich ist, der süße Genuß der Beschauung, der jeden zu ihr erhobenen Jünger geistig nährt und vergöttlicht" (EH 1,3; PG 3, 376).

Diese mystischen Züge erklärte man sich, bevor die Beziehungen zu Proklos bekannt waren, damit, der Areopagite habe als Schüler und Vertrauter des Apostels von dessen Ekstase in Damaskus Näheres mitgeteilt bekommen, von jener Erfahrung, die den Schritt von Saulus zu Paulus ermögliche. Wie zu jeder echten religiösen Erkenntnis und zu jeder religiösen Verwirklichung gründet dieser Schritt in einer äußersten Erfahrung. Und die Ekstase ist eine solche Erfahrung, in der das profane Ich überschritten wird.

Von dem Eindruck und der Mächtigkeit dieser Erfahrung legt die Ausdrucksweise des Dionysius ein beredtes Zeugnis ab: die geradezu hymnisch übersteigerte Sprache des Verfassers des „Corpus Areopagiticum". In der klassischen Ausdrucksweise des Altertums bemühte man sich um Klarheit und Einfachheit. Dionysius dagegen strebt nach dem Gegenteil. Sein stilistisches Ziel war offenbar die Bevorzugung von Absonderlichkeiten in Wortwahl und Satzbau. Die Sätze zeichnen sich durch lange Perioden und zahlreiche Wiederholungen aus. Die Worte sind nicht selten schwülstig und gesucht. Charakteristisch für den Sprachstil sind seltene Ausdrücke, teils aus der Sprache der heidnischen Mysterienkulte, neuartige Wortzusammensetzungen, Häufungen von Synonymen, etymologische Spielereien, Wortspiele, Vorliebe für Superlative.[71] Die hohe Verehrung für den Areopagiten hat diese Stilelemente weitergegeben.

V

In den zuvor skizzierten, unter dem Namen des Dionysius vom Areopag veröffentlichten Schriften sind also die christliche Theologie und Religiosität mit zentralen Gedanken der Philosophie des Neuplatonismus verbunden. Man hat gelegentlich die Frage gestellt, in welchem Verhältnis diese beiden Elemente zueinander stehen. War Dionysius ein Neuplatoniker, der seiner Philosophie christliche Gedanken übergestülpt hat, oder war er ein Christ, der sich zum Ausdruck seines Denkens der neuplatonischen Philosophie bediente? Eine Entscheidung in dieser Frage scheint mir nicht schwer zu sein. Schon in seiner Sprache spürt man die innere und durchaus auch geistige Leidenschaft des Areopagiten für die christliche Religion und die christliche Theologie.

Es scheint inzwischen fast allgemein anerkannt zu sein, daß es nicht der in der Apostelgeschichte erwähnte und von Paulus zum Christentum bekehrte Ratsherr Dionysius war. Wir wissen bis heute nicht, wer der Autor gewesen ist. Es hat eine Anzahl von Vorschlägen zur Identifizierung des geheimnisvollen Urhebers des „Corpus Dionysiacum" gegeben. Keiner dieser Vorschläge konnte einleuchten. Sicher ist wegen der Anspielungen auf Proklos, daß der Autor um 500 n. Chr. gelebt hat. Damit müßten wir uns zufriedengeben, wenn nicht doch in der Denkweise unseres Dionysius ein Hinweis auf seine Persönlichkeit läge.

Zu dieser Persönlichkeit gehören eine völlige Weltentsagung und die alleinige Sorge um die Seele, wozu schon Sokrates in der Platonischen Apologie aufgefordert hat (29E). Dionysius hat etwas Mönchisches. Seine Philosophie ist eine mönchische Philosophie. Der Bochumer Philosophiehistoriker und Mittelalterkenner Kurt Flasch hat dies, wenn man es ganz allgemein auffaßt, durch den Vergleich der Gedankenwelt des Dionysius mit der verschiedener anderer Zeitgenossen verständlich gemacht: „Von einer aktiven Weltaufgabe des Menschen ist nicht die Rede; der Mensch ist dazu da, um mit Hilfe der Höheren sich von Leidenschaften zu reinigen, die Welt im Licht ihrer Idealgründe zu betrachten und mit dem Einen zu vereinen. Die Welt tritt als Kosmos, als bleibende Struktur und Ausdruck des göttlichen Friedens vor den kontemplativen Blick; von der geschichtlich-politischen Welt ist in dieser östlichen Mönchsphilosophie nicht mehr die Rede ... Geschichtliche Erfahrung, die im Werk des späten Augustin und im Trostbuch des Boethius dicht präsent war, spielt in die dionysischen Schriften nicht hinein ... Individuelle Selbsterkundung, wie Augustin, oder Naturforschung und Mathematik, wie Boethius, trieb Dionysius nicht."[72]

So steht es in der Tat mit Dionysius, den man mit dem Mitglied des Areopags in eins gesetzt hat. Es gibt eben auch ein ernstzunehmendes mönchisches Lebensideal, in welchem man auf die Versuche einer Weltverbesserung verzichtet, sich nicht für Politik und die politischen Ereignisse interessiert, sich weder mit naturwissenschaftlichen noch mit mathematischen Problemen herumschlägt, nicht einmal sich selbst in psychoanalytischer Nabelschau problematisiert. Nicht jedermann ist ein Mönch und in der Lage, ein mönchisches Leben zu führen. Wir sollten aber in der Lage sein, dieser Lebensform Achtung entgegenzubringen, erst recht aber dann, wenn dabei so etwas herauskommt wie die Werke des unbekannten Dionysius.

Diese Werke haben jahrhundertelang das Denken des Abendlandes mitbestimmt. Dionysius vom Areopag war eine Autorität, selbst für Päpste und Konzilien. Der byzantinische Theologe Maximus Confessor (580–662) hat schon Erläuterungen zu einzelnen Stellen bei Dionysius verfaßt. Die bedeutendsten Theologen des Hochmittelalters haben große Kommentare zu den dionysischen Schriften geliefert.

2. Platonismus bei Augustinus

Augustinus gilt gemeinhin als der „Lehrer des Abendlandes". Er verkörpert in besonderer Weise und in besonderem Maße die das Wesen der abendländischen Kultur ausmachende Verbindung des Christentums mit dem Griechentum und damit mit der griechischen Philosophie, insbesondere mit der Philosophie Platons. Der Titel „Augustinus magister" des Pariser Kongresses aus dem Jahre 1954 gilt deshalb sowohl dem Theologen wie dem Philosophen. Allerdings ist Augustinus vor allem ein Mann der Religion und daher jedenfalls mehr Theologe als Philosoph. Er hat ein großartiges und menschlich eindrucksvolles theologisches Gesamtwerk hinterlassen, das aber überall auch philosophisch durchtränkt ist. Wir halten uns hier im wesentlichen an das Philosophische bei Augustinus. Dieses spielt eine besondere Rolle in den an Gott gewandten „Bekenntnissen", den „Confessiones".

I

Aus den „Bekenntnissen" erfahren wir nun, daß Augustinus einen langen Weg durchmachen mußte, bis er ein Christ wurde. Er ist als römischer Bürger im Jahre 354 n. Chr. in Nordafrika geboren. Als junger Mann besuchte er zunächst die Rednerschule in Karthago. Dort lernte er natürlich auch die Schriften Ciceros kennen und stieß dabei auf dessen „Hortensius", einen „Protreptikos", d. h. eine Schrift, die zu der literarischen Gattung der Ermunterungen zur Philosophie gehörte. Augustinus machte hier erstmals Bekanntschaft mit dem Platonismus des Altertums. Darüber heißt es später in den „Confessiones": „Dieses Buch (Ciceros) wandte mein Gefühl und meine Bitten zu Dir hin, Herr, und änderte meine Wünsche und Begierden. Sofort schwand mir jede eitle Hoffnung, und ich … begann mich zu erheben, um zu Dir zurückzukehren" (Confess. II 4,7). So verbindet sich die Aufmunterung zur Philosophie unmittelbar mit dem Gottesgedanken des christlichen Glaubens.

Diese Verbindung ergibt sich dadurch, daß der im Buch Exodus, Kapitel 3, 14 ausgesprochene Gottesname in der Übersetzung und Interpretation „ich bin, der ich bin" (sum, qui sum) oder „ich bin der Seiende" mit dem Seinsbegriff der griechischen Philosophie identifiziert werden kann, wenn man das biblische „ähjä aschär ähjä" griechisch interpretiert (tatsächlich dürfte die uralte Formulierung eher den Sinn gehabt haben „ich bin der bei euch Seiende" oder als „der euch Beistehende", „euch Helfende, Beschützende". Im Sinne der griechischen Deutung des Bibelwortes hat sich indessen bei Augustinus dann eine Metaphysik entwickelt, die man nach ihrem alttestamentlichen Hintergrund als „Exodusmetaphysik" charakterisiert hat.[73] Dazu bemerkt Berlinger, „daß das bewegende Motiv des augustinischen Philosophierens die Frage nach dem Sein als solchem" sei und „das Wort ‚Ego sum qui sum' das philosophische Incitament seines Denkens" darstelle.[74]

So ruft denn der Gottsucher Augustinus: „Das einfache Ist suche ich, das wahre Ist suche ich, das reine Ist suche ich"[75] (Est enim simplex quaero, Est enim verum quaero, Est germanum quaero). Eine derartige Exodusmetaphysik findet man nach Etienne Gilson schon bei den Kirchenvätern und danach in der christlichen Philosophie des Mittelalters.[76] Die Augustinische Exodusmetaphysik ist aber, wie man sehen kann, nicht nur eine Sache des Bücherwissens, sondern zugleich Sache des Herzens, d. h. der Erfahrung in der Innerlichkeit der Seele. Im Blick darauf hat man sie als „Metaphysik der inneren Erfahrung" bezeichnet.[77]

Später begegnet die Exodusmetaphysik des Augustinus der Philosophie des Neuplatonismus. Er studiert einige aus dem Griechischen ins Lateinische übersetzte Bücher von damaligen Platonikern, die, wie wir wissen, zur neuplatonischen Richtung der antiken Philosophie gehörten. Die Übersetzungen stammen von dem römischen Schriftsteller Marius Victorinus, von dessen Bekehrung zum Christentum im Jahre 355 es bei Augustinus ausführliche Berichte gibt. Wir kennen nicht alle Schriften, die er las: von Plotin wohl die Enneaden I 6 und V 3, aber auch einiges von Porphyrius und Iamblichus (vgl. Confess. VIII 12). Diese „Libri Platonicorum" verstand er wiederum, jedenfalls berichtet er es so, durchaus im Sinne christlicher Theologie (Confess. VII 9,13 f.).[78] Es gibt allerdings Interpreten, die annehmen, daß der erste Eindruck dieser Schriften eher eine Bekehrung zum Neuplatonismus gewesen sein könnte. Jedenfalls zeigt sich bei Augustinus auch mehrfach der philosophische Einfluß Plotins, etwa in der frühen Schrift „Über die wahre Religion", in der es heißt: „Geh nicht nach draußen! Geh in dich selbst zurück! Im Innern des Menschen wohnt die Wahrheit."[79] Die zweifellos Plotinische Wendung nach innen hat aber ein letztes Ziel: Gott. Die philosophische Seite verbindet sich natürlich bei dem Kirchenvater Augustinus mit der theologischen: mit dem Thema der Gotteserkenntnis und diese mit der Thematik der Selbsterkenntnis und der Seinserkenntnis.

Dieser dreifache Aspekt erscheint bei Augustinus besonders noch in der berühmten Passage aus dem neunten Buch der „Bekenntnisse", dem sogenannten „Ostia-Erlebnis" oder, wie es in Frankreich genannt wird, der „extase d'Ostie" oder der „vision d'Ostie". Es handelt sich um den Bericht über das letzte Gespräch, das Augustinus mit seiner Mutter in der römischen Hafenstadt Ostia führte und das philosophisch stark plotinisch beeinflußt zu sein scheint. Mutter und Sohn unterhalten sich über das Leben nach dem Tode. Der Sohn berichtet dann: „Als das Gespräch an sein Ende gelangte, so daß sichtbar wurde, daß das Vergnügen der körperlichen Sinne, wie groß es auch sei und in welchem körperlichen Licht es auch erscheine, mit dem Glück jenes Lebens nicht verglichen, ja nicht einmal erwähnt zu werden verdiente, da durchschritten wir, indem wir uns mit glühendem Gefühl ‚zu ihm selbst' (in id ipsum) erhoben, stufenweise (gradatim) alles Körperliche und sogar den Himmel" (Confess. IX 10, 24). Der Erkenntnisaufstieg wie auf Stufen findet sich nicht nur bei Plotin, sondern schon in Platons „Symposion". Dann wendet sich das Gespräch dem Innerseelischen zu: „Und weiter stiegen wir im Innern auf durch das Betrachten, Besprechen, Bewundern Deiner Werke und kamen zu unserm Geist und überstiegen auch ihn, um dann ein Gebiet unerschöpflicher Fülle zu erreichen, wo Du Israel ernährst mit der Nahrung der Wahrheit. Und dort ist das Leben die Weisheit, durch das alles dieses ist, war und sein wird, und sie (die Weisheit) wird nicht, sondern ist so, wie sie war und immer sein wird" (ebd.). Augustinus nimmt hier nicht nur eigene Gedanken auf, sondern greift auch auf Biblisches und Plotinisches zurück. Das „Gebiet unerschöpflicher Fülle" (die „regio ubertatis indeficientis") wird betreten, „wo Du Israel ewig ernährst mit der Speise der Wahrheit" (ubi pascis Israel veritatis pabulo) – eine Anspielung auf die alttestamentarischen Berichte über die Nahrung, die Gott seinem Volk immer wieder geschenkt hat. Dazu gibt es platonische Wendungen. Im Phaidrosmythos spricht Platon vom Anblick eines Gefildes der Wahrheit (248 B: to aletheías ideín pedíon). Und das Augustinische Wort, daß auf dem Gefilde der Wahrheit das Leben die Weisheit sei (ibi vita sapientia est), hat ihre Entsprechung in Plotins Satz über das Leben in der Weisheit. Augustinus betont ihren Gegenwartscharakter: „Ja, es gibt vielmehr in ihr kein Gewesensein und kein Zukünftigsein, sondern allein das Sein, da sie ja ewig ist" (Confess. IX 10, 24).

Es folgt im Gespräch dann die Stelle, die bei der Frage, ob es bei Augustinus Mystik gebe, von Bedeutung war: „Und während wir redeten und staunend zu ihr (d. h. der göttlichen Weisheit) hinblickten, berührten wir sie leicht in einem vollen Schlag des Herzens (attigimus eam modice toto ictu cordis)." Die mit Gott identische Weisheit wird demnach „berührt", zwar nur sehr kurz, jedoch als eine unmittelbare Gotteserkenntnis. Keineswegs kann hier die vermittelte rationale und diskursive Erkenntnis gemeint sein. Es erscheint kaum verständlich, daß in manchen modernen Interpretationen immer noch angenommen wird, das „Ostia-Erlebnis" Augustins lasse sich als Verstandeserkenntnis oder Vernunfterkenntnis auffassen.

Augustinus selbst versteht jedenfalls das von ihm Erfahrene als einen Vorgeschmack des ewigen Lebens. Er fragt sich, ob, wenn der flüchtige Augenblick der Berührung der ewigen Weisheit anhielte und nur dieses Eine den Schauenden ergriffe, dies nicht das „Geh ein in die Freude deines Herrn" wäre (Confess. IX 10,25). Das also ist es, was Augustinus in Ostia erfuhr. Man kann es eine mystische Erfahrung oder auch eine Gotteserfahrung nennen. Sie macht aber deshalb aus dem Kirchenvater keinen Mystiker. Als gläubiger Christ deutete er die außergewöhnliche Erfahrung einer zeitlosen schlechthinnigen Gegenwart im Sinne seiner christlichen Religion und der ihr zugrundeliegenden religiösen Erfahrung. Zu diesem Thema verweisen wir auf die beiden Aufsätze von P. Henry und E. Hendrix in dem von C. Andresen herausgegebenen Sammelband „Zum Augustin-Gespräch der Gegenwart". Wichtiger noch sind in unserem Zusammenhang die anderen dort enthaltenen Aufsätze von Pierre Courcelle, „Die Entdeckung des christlichen Neuplatonismus", und von Erich Frank, „Augustin und das griechische Denken".[80]

II

Wenden wir uns jetzt einem anderen Hauptwerk Augustins zu, den 22 Büchern „Über den Gottesstaat" (De civitate dei). Dieses umfangreiche Werk gehört neben Platons „Politeia" und Ciceros „De re publica" zu den folgenreichsten Schriften der antiken Staatsphilosophie. Es ist dennoch seinem Wesen nach theologisch orientiert, doch berücksichtigt es außerdem auch allgemein philosophische Themen, die uns hier besonders interessieren.

Das Werk ist entstanden unter dem Eindruck der Eroberung und Plünderung Roms durch Alarichs Westgotenheer im Jahre 410. Im ersten Teil seines Werks setzt sich Augustinus mit dem Vorwurf auseinander, die Christen trügen die Schuld am Niedergang des römischen Staates, und sucht demgegenüber darzulegen, daß das heidnische Rom durch den Verfall der Sitten und des Denkens schon längst durch eigene Schuld das Ende herbeigeführt habe. Der zweite Teil des Werks entwirft dann die Idee eines christlichen Stadtstaates.

Der Begriff der „civitas dei" hat bei Augustinus drei Wurzeln: erstens den alttestamentlichen Gedanken der Gottesstadt Jerusalem, wobei das Verhältnis der Gottesstadt im Himmel zur irdischen Gottesstadt im Sinne der Platonischen Ideenlehre als Verhältnis von Urbild und Abbild verstanden wird,[81] zweitens die in der Auseinandersetzung mit Ciceros Staatsbegriff entwickelte Theorie, daß das Wesen des Staates in der Gerechtigkeit bestehe,[82] drittens die Lehre vom Frieden als dem höchsten Ziel des Staates[83].

Leider hat das lateinische Wort „civitas" im Deutschen keine unmittelbare Übersetzung. Die Wiedergabe mit „Staat" paßt nicht überall. Nicht selten kann man es mit „Stadt" wiedergeben (was nicht nur zur Gottesstadt Jerusalem paßt, sondern auch zum griechischen Polis-Begriff). Noch näher kommt man dem von Augustinus Gemeinten mit der Übertragung „Gemeinschaft". So heißt es in der Schrift über den Gottesstaat von den zwei Gruppen von Menschen: „Diese nennen wir im übertragenen Sinne (mystice) zwei Staaten (civitates), das heißt zwei Gemeinschaften (societates) von Menschen" (De civitate dei XV 1). J. Ratzinger, der spätere Papst Benedikt XVI., nennt es im selben Sinne eine „allegorische Bildrede aus dem Alten Testament heraus".[84]

Nun gibt es bei Augustinus zwei Formen menschlicher Gemeinschaft: den Gottesstaat, oder die „civitas dei" oder „civitas caelestis" oder „Jerusalem" einerseits und andererseits den Weltstaat oder den Staat des Teufels, die „civitas terrena" oder „civitas diaboli" oder „Babylon". Vom Gottesstaat spricht Augustinus im 19. Buch seines Werks, den Weltstaat charakterisiert er in einer Weise, die stark an gewisse Formen zeitgemäßer und unpolitischer Fehleinstellungen erinnert: „Wenn er nur, sagen sie, Bestand hat, wenn er nur eine Blütezeit erlebt, voll an Schätzen, ruhmreich durch Siege oder, was noch beglückender ist, sicher durch Frieden. Was geht uns anderes an? Ja, es liegt uns mehr daran, daß jeder seinen Reichtum ständig vermehrt, damit er für die tägliche Verschwendung ausreicht … Die Leute sollen nicht denen Beifall klatschen, die ihnen das Nützliche raten, sondern denen, die ihnen Vergnügungen verschaffen. Nichts Unbequemes soll befohlen werden, nichts Unanständiges verboten sein" (De civitate dei II 20). Das Schlußkapitel des 14. Buches führt die Entstehung dieser beiden Staaten auf zwei Arten von Liebe (duo amores) zurück: „die bis zur Gottesverachtung gehende Selbstliebe (amor sui) den irdischen Staat, die bis zur Selbstverachtung gehende Gottesliebe (amor dei) den himmlischen Staat" (De civitate dei XIV 28). Zusammenfassend kann man sagen, daß die Augustinische Lehre vom Staat jahrhundertelang weitergewirkt hat: „Das sacrum imperium nationis germanicum war zwar nicht Augustins Idee, entstand aber nicht ohne die politische Interpretation seiner Idee des Gottesstaates."[85]

Es gibt neben diesen beiden gewissermaßen moralisch verstandenen Formen menschlicher (und übrigens auch übermenschlicher) Gemeinschaft bei Augustinus auch eine Staatstheorie, die metaphysisch gegründet ist. Sie bestimmt sich dadurch, daß der augustinische Gottesbegriff, wie schon früher erwähnt, mit dem aus der griechischen Philosophie übernommenen Seinsbegriff verbunden ist. Zur „civitas dei" gehört die Liebe zum Sein, zur „civitas diaboli" die Liebe zum Nichts. Die Seinsliebe aber hat bei Augustinus immer auch Beziehung zur Trinitätslehre: Das Sein gründet in der göttlichen Person des Vaters, die Erkenntnis im Sohn, das Glück im Heiligen Geist. Sogar die Einteilung der philosophischen Disziplinen wird trinitarisch aufgefaßt: Die Physik ist die Lehre vom Sein, die Logik die Lehre vom Erkennen, die Ethik die Lehre vom Glück. Diese Gliederung führt Augustinus auf Platon zurück: „Aus ihr ist zwar nicht zu schließen, daß man bei dieser Dreiteilung schon an Gott und die Dreieinigkeit gedacht habe, obschon Platon, der als erster diese Einteilung entdeckt und empfohlen haben soll, in keinem anderen als in Gott den Urheber aller Wesen, den Verleiher der Einsicht und Spender der Liebe, durch die man gut und selig lebt, erblickte" (De civitate dei XI 25).

Grundsätzlich aber gründet der Begriff des Gottesstaates im Gedanken der Gemeinschaft, dieser aber, wie wir gesehen haben, im Seinsgedanken. Das bedeutet zugleich, daß die eigentliche und engste menschliche Gemeinschaft nicht unmittelbar von Mensch zu Mensch geht, sondern vermittelt ist durch den Gedanken der Gemeinschaft im Sein, religiös gesprochen: durch Gott als den Vater der Menschen und als den schlechthin Seienden (nach Exodus 3,14). Wer Gemeinschaftlichkeit bloß in der Masse oder einer anderen Gesellschaft sucht, kennt die Vermittlung durch Gott oder das Sein nicht und daher auch keine tiefere menschliche Gemeinschaft, weil er kein Bewußtsein des einigenden Bandes zwischen den Menschen hat. Diese tiefste Gemeinschaft in die Gemeinschaft im Sein. Die Seinsgemeinschaft aber ist, religiös ausgedrückt, die Gemeinschaft in Gott, dem schlechthin Seienden der Exodusmetaphysik, in der sich Religion und Philosophie verbindet.

Das Bewußtsein dieses einigenden Bandes ist im Abendland lange lebendig gewesen und hat sich teilweise noch bis in unsere Zeit durchgehalten. Ein Beispiel dafür findet sich in einigen Sätzen bei Antoine de Saint-Exupéry: „Jahrhundertelang hat meine Kultur durch die Menschen hindurch Gott betrachtet ... Man achtete Gott im Menschen. Die Menschen waren Brüder in Gott. Dieser Abglanz verlieh jedem Menschen eine unveräußerliche Würde. Die Beziehungen des Menschen zu Gott begründeten ganz klar die Pflichten eines jeden gegenüber sich selbst und dem Nächsten. Meine Kultur ist Erbe christlicher Werte."[86]

III

Zum Schluß werfen wir noch einen flüchtigen Blick auf ein drittes philosophisch wichtiges Werk bei Augustinus: die Frühschrift „Von der wahren Religion" (De vera religione). Sie ist 389–390 entstanden. In Gilson-Böhners bekanntem Buch gilt sie als die beste Einführung in Augustins Philosophie.[87] Wir zitieren sie nach der Ausgabe der theologischen Frühschriften Augustins von Wilhelm Thimme.[88]

Augustinus will in dieser Schrift das Christentum als die wahre Religion darstellen, sie aber zugleich eng mit der Parmenideischen und Platonischen Philosophie verbinden. In diesem Sinne schreibt er: „Wir Christen glauben und lehren ja, und unser Heil hängt daran, daß Philosophie, das heißt Weisheitsstreben, und Religion nicht voneinander verschieden sind."[89] Das Weisheitsstreben der Philosophie verbindet sich nun mit dem griechischen Seinsgedanken und stellt sich damit in eine Gegnerschaft zum Manichäismus und dessen dualistischer Weltsicht mit dessen Kampf gegen die Welt des Lichts gegen die der Finsterniswelt. Der Gott des Christentums verbindet sich demgegenüber mit dem Gedanken des Seins, des Wahren, des Guten und des Einen. Dieser „eine Gott, die eine Wahrheit, das eine Heil aller, erstes und höchstes Sein, von dem alles ist, was irgend ist, soweit es eben ist. Denn alles, soweit es ist, was es ist, ist gut."[90]

Solch philosophische Religion, die später von der mittelalterlichen Transzendentalienlehre aufgenommen worden ist, steht in einem unaufhebbaren Gegensatz zum Prophetentum des Mani und hat zu dessen Überwindung beigetragen.

3. Meister Eckhart als Platoniker

Wir haben soeben getrennt über Dionysius und Augustinus in ihrer Verbindung zum Platonismus nachgedacht. Der bekannte Eckhartforscher und Eckhartherausgeber Josef Koch hat in seinem zuerst in den Kant-Studien Bd. 48 (1956/57) erschienenen Aufsatz „Augustinischer und Dionysischer Neuplatonismus und das Mittelalter"[91] das Thema der verschiedenen Formen des Platonismus im Mittelalter aufgegriffen und am Schluß zu der Frage Stellung genommen, wie Meister Eckhart in dieser Hinsicht einzuordnen sei. Dabei konnte Koch davon ausgehen, daß Eckhart zum mittelalterlichen Platonismus gehöre (nicht also zum Aristotelismus, der bei dem damals gerade heiliggesprochenen Thomas von Aquin, den Thomisten und der Neuscholastik vorherrschend war). Derselben Ansicht wie Koch war auch der vielseitige Philosophiehistoriker Johannes Hirschberger: „Eckhart ist ein Ontologe im Geiste Plotins. Er ist wohl der größte aller Neuplatoniker."[92] Allerdings läßt Hirschberger noch den Seinsgedanken mitanklingen. Darüber wird gleich näher zu reden sein.

I

Die beiden von Koch unterschiedenen Formen des Neuplatonismus charakterisiert er einerseits als Dionysische „Einheitsmetaphysik" und andererseits als Augustinische „Seinsmetaphysik". Es ist bemerkenswert, daß in der Frage, welche Form dieses Platonismus bei Eckhart vorliege, Koch sich klar für die Einheitsmetaphysik des Dionysius und damit für die Plotinische und Proklische Richtung des Neuplatonismus entscheidet. So heißt es im Anschluß an die Interpretation der lateinischen Predigt XXIX über „Deus unus est" ganz eindeutig: „Diese Predigt zeigt sehr klar, daß Eckharts Metaphysik trotz ihres Ausganges von dem Satz ‚Esse est deus' Einheitsmetaphysik im Geist des dionysischen Neuplatonismus ist."[93] Entsprechend wird bei Augustinus zwar dessen Beschäftigung mit der Philosophie des Plotinischen Neuplatonismus erwähnt, doch dann jedoch hinzugefügt: „Was er aber weiterhin als Ergebnis seiner Plotin-Studien anführt, ist Seinsmetaphysik."[94]

Mit Recht berücksichtigt Koch immerhin den merkwürdigen Widerspruch, der darin liegt, daß Eckhart zwar in seiner Metaphysik von der These „esse est deus" ausgeht, dann aber in seinem Platonismus nicht zu einer Seinsmetaphysik gelangt, sondern zu einer Einheitsmetaphysik. Leider zieht der verdiente Eckhartherausgeber aus dem Ausgang von dem Satz der Identität von Sein und Gott aber keine Konsequenzen. Die Eckhartsche These, das Sein sei Gott, stellt nämlich nicht nur einen Ausgangspunkt dar, sondern bildet die zentrale und fundamentale These des von Eckhart geplanten Hauptwerks, des „Opus tripartitum". In diesem „dreiteiligen Werk" wollte er sein gesamtes Schaffen zusammenfassen. Der erste Teil war als eine Thesenschrift gedacht, der zweite als eine Sammlung von Quaestionen oder Problemen, der dritte als „Werk der Auslegungen", eine Zusammenstellung von Bibelkommentaren, einerseits zu ganzen Büchern, andererseits zu einzelnen Predigttexten. Werfen wir einen kurzen Blick auf die drei Teile des geradezu gigantischen Werkentwurfs. Bedauerlicherweise ist von den beiden ersten Teilen mit Ausnahme der Vorworte nur wenig erhalten. Dagegen besitzen wir vom dritten Teil erhebliche Stücke: zwei Genesiskommentare (In Gen. I und In Gen. II), sodann einen Exoduskommentar (In Exod.) und einen Sapientiakommentar (In Sap.), schließlich zum Neuen Testament einen Johanneskommentar (In Ioh.). Zu diesem dritten Teil besitzen wir außerdem noch zahlreiche lateinische Predigten („Opus sermonum"). In allen diesen Schriftkommentaren bezieht sich Eckhart immer wieder auf seine These „Das Sein ist Gott".

Das gilt nun noch besonders für das als Grundlage für alle drei Teile vorgesehene Thesenwerk, das „Opus propositionum". Es gehört in die Gattung neuplatonischer Schriften, für welche die „Stoicheiosis theologiké" (die „Theologische Elementenlehre") des Proklos mit ihren 211 Thesen und den zu ihnen gehörenden Erläuterungen das Vorbild war.[95] Eine andere berühmte Thesenschrift war der in 31 Kapitel gegliederte „Liber de causis", der unverständlicherweise zuerst dem Aristoteles zugeschrieben wurde, bis man seine neuplatonischen Hintergründe entdeckte. Eine interessante zweisprachige, kommentierte Ausgabe der Thesen des „Buches über die Ursachen" haben vor kurzem Alexander Fidora und Andreas Niederberger veröffentlicht.[96] Für Eckharts Selbstbewußtsein zeugt nun sein Plan, das „Opus propositionum" auf mehr als tausend Thesen zu bringen und damit seine Vorgänger weit zu übertreffen (Prol. gen. n. 3, LW I, 149,6). Dieses Thesenwerk war in vierzehn Traktate gegliedert, die in der Vorrede zu den drei Teilen des „Opus tripartitum" im einzelnen aufgeführt werden, so daß wir uns von ihm schon allgemeinere Vorstellungen machen können, und sogar noch konkretere dadurch, daß Eckhart in den Schriftkommentaren des Opus expositionum nicht selten auf einzelne zu diesen Traktaten gehörende Thesen verweist und aus ihnen zitiert. Aus solchen Zitaten läßt sich ein ungefähres Bild von dem vorgesehenen Thesenwerk entwerfen.[97]

Zu dem den ersten Teil des dreiteiligen Hauptwerks sowie die beiden anderen Teile tragenden Satz „esse est deus" sind nun noch einige erkenntnistheoretische Anmerkungen zu machen. Der Satz, das Sein sei Gott, hat zwar auch eine biblische Grundlage, nämlich den im zweiten Buch Mosis (Exod. 3,14) ausgesprochenen Gottesnamen „Ich bin, der ich bin" oder griechisch: „Ich bin der Seiende" (ego eimi ho on), jedoch, was philosophisch weit wichtiger ist, eine noetische oder epistemologische Grundlage. Nach Eckharts philosophischem Ansatz ist nämlich die Göttlichkeit des Seins in der Erkenntnis der Vernunft oder des Intellekts zu erfahren.

Dazu nun einige Belege, in denen es um die Erkenntnisweise der Vernunft geht. Grundsätzlich findet sich schon bei Thomas von Aquin der Grundsatz: „ens est proprium obiectum intellectus" (S. theol I q. 5 a. 2), d. h. also „der wesenseigene Gegenstand der Vernunft ist das Seiende". Eckhart scheint das ganz genau übernommen zu haben, denn bei ihm findet sich der Satz: „Obiectum autem intellectus est ens" (In Sap. n. 10, LW II 331,2). Im ersten Genesiskommentar drückt sich Eckhart allerdings erfreulicherweise erheblich genauer aus, wie er schon in der Vorrede zum Thesenwerk unterschieden hatte zwischen dem Sein und dem Dies-und-das-Sein, also zwischen dem schlechthinnigen Sein und dem einzelhaften Sein der Dinge, dem Sein des Seienden. Dazu heißt es dann: „Intellectus, inquantum intellectus, est similitudo totius entis, in se continens universitatem entium, non hoc aut illud cum precisione. Unde et eius obiectum est ens absolute, non hoc aut illud tantum" (Gen. I n. 115, LW II 272,3–6). Zu deutsch: „Die Vernunft ist nämlich als Vernunft ein Gleichnis der Gesamtheit des Seienden und umfaßt das Seiende im ganzen, nicht dieses oder jenes in seiner Abgesondertheit. Daher ist auch sein Gegenstand das schlechthin Seiende, nicht nur dieses oder jenes." Um die Reinheit und Abgetrenntheit des Seins im absoluten Sinne noch deutlicher zu machen, fügt Eckhart außerdem hinzu: „Intellectus enim, cuius obiectum est ens, ... ab hic et nunc abstrahit." Das Hier und Jetzt bestimmt nämlich ein Seiendes in seiner Konkretheit, in seiner Einzelhaftigkeit und Unterschiedenheit von anderem Seienden. Dagegen ist das von aller Einzelhaftigkeit abgetrennte Seiende mit Gott identisch: „Intellectus pascitur solo esse et sic deo pascitur" (Serm. LIV,1 n. 528, LW IV 445,11). Eckhart benutzt hier also ein Bild aus dem Leben: „Die Vernunft ernährt sich allein aus dem Sein und ernährt sich so aus Gott." Hier haben wir wieder die These vom Sein und dessen Identität mit Gott.

Zu dieser These lassen sich auch aus Eckharts deutschen Werken eine Anzahl von Parallelstellen anführen. So heißt es in der Predigt 3 („Nunc scio vere"): „Vernunft fällt in das lautere Sein ein" (DW I, 49,1: „Vernünfticheit diu vellet in daz lûter wesen"). Dieses lautere Sein aber ist für Eckhart im Sinne der Grundthese seines Hauptwerks mit Gott identisch. Und so wird es denn auch in der Predigt 37 ausdrücklich gesagt: „Die Vernunft dringt empor in das Sein, ... sie versinkt im Sein und erfaßt Gott, wie er lauteres Sein ist" (DW II, 216,3–5: „Vernünfticheit dringet ûf in daz wesen, ... si versinket in daz wesen und nimet got, als er ist lûter wesen"). Hier wird nicht nur behauptet, daß die Vernunft zu einer distanzierten Gotteserkenntnis gelangt, sondern daß diese Erkenntnis sich mit dem Erkannten vereinigt, so daß sie geradezu den Charakter einer „unio mystica" hat.

Die Seinserkenntnis durch die Vernunft wird von Eckhart noch mit verschiedenen anderen Wendungen ausgedrückt. In einer anderen Predigt wird statt „vernünfticheit" (intellectus) sogar „verstantnisse" (ratio) gesagt, was gewiß nicht der schulmäßigen Unterscheidung zwischen Verstand und Vernunft entspricht, aber im Kontext, der Gegenüberstellung emotionaler und rationaler Seelenkräfte, durchaus zu verstehen ist: „der Verstand dringt empor und erfaßt Gott, wie er Sein ist" (Pr. 45, DW II 371,8 f.: „verstantnisse diu dringet ûf und nimet got, als er wesen ist"). Eine ganz andere Terminologie für denselben Gedanken übernimmt Eckhart aus Augustinus und dessen Lehre vom äußeren und inneren Auge der Seele (PL 35, 1493): „Die Seele hat zwei Augen, ein inneres und ein äußeres. Das innere Auge ist das, welches in das Sein blickt und sein Sein ganz unmittelbar von Gott empfängt: das ist sein ihm eigenes Werk. Das äußere Auge ist das, welches allen Geschöpfen zugewandt ist und sie in bildhafter Weise und in der Weise einer Kraft wahrnimmt" (Pr. 10, DW I 165,4–8: „Diu sêle hat zwei ougen, einz inwendic und einz ûzwendic. Daz inner ouge der sêle ist, daz in daz wesen sihet und sîn wesen von gote âne allez mitel nimet: daz ist sîn eigen werk. Daz ûzer ouge der sêle ist, daz dâ gekêret ist gegen allen krêatûren und die merket nâch bildelîcher wîse und nâch kreftlîcher wîse").

II

Wenn wir jetzt noch einmal zurückblicken auf die beiden von Koch unterschiedenen Formen platonischer Metaphysik, nämlich die auf Dionysius Areopagita zurückgreifende Einheitsmetaphysik und die von Augustinus beeinflußte Seinsmetaphysik, so leuchtet es im Hinblick auf die zuvor beigebrachten Texte aus dem Umkreis der Eckhartschen Grundthese „esse est deus" wenig ein, daß Koch sich im Falle Meister Eckharts für eine Einheitsmetaphysik und gegen eine Seinsmetaphysik entschieden hat. Es liegt aber in diesem Falle kein schwer zu lösendes Problem vor. Wir müssen uns nur daran erinnern, daß es bei Eckhart zwei gänzlich verschiedene Terminologien gibt, die in seinen Schriften nebeneinander herlaufen. Wir haben uns bisher an die Terminologie des „Opus tripartitum" gehalten. In diesem gab es neben dem vorgesehenen „Opus propositionum", dem Thesenwerk, auch ein Werk, in dem Eckhart die von ihm bearbeiteten Quaestionen zusammenstellen wollte. Von diesen sagt er ganz klar, daß auch für diese die These „Gott ist das Sein" der Grund- und Leitgedanke sei.

Nun sind uns im Jahre 1927 aus den beiden Jahren, in denen Eckhart an der Pariser Universität gelehrt hat, Quaestionen bekanntgeworden, und zwar sowohl aus der Zeit des ersten Aufenthalts, nämlich im Studienjahr 1302/1303, als auch aus dem zweiten Aufenthalt: 1311/1313. In der Zeit des ersten Pariser Aufenthalts hat Eckhart nun die These der „Exodusmetaphysik" (im Gegensatz übrigens zu den Quaestionen des zweiten Magisteriums in Paris) nicht mehr vertreten. Jetzt gilt: „deus ... est intellectus et intelligere et non ens vel esse" (Gott ... ist Intellekt und Erkennen und nicht Seiendes oder Sein).[98] Das bedeutet, daß Gott, der bisher als mit dem Sein identisch gedacht war, jetzt gerade nicht mehr ein Seiendes oder das Sein sein kann. Das nämlich gehört zu den Dingen außerhalb von Gott, zu den von Gott geschaffenen Dingen. In diesem Zusammenhang zitiert Eckhart gerne einen Satz aus dem „Liber de causis", den man eine Zeitlang dem Aristoteles zugeschrieben hatte, der aber, wie sich aus der Nähe zu Proklos ergibt, inzwischen als neuplatonisch erkannt ist: „Das erste der geschaffenen Dinge ist das Sein" (Kap. 4: „Prima rerum creatarum est esse"). Sobald wir daher zum Sein kommen, haben wir das außergöttliche geschaffene Sein der Dinge vor uns.

Der Satz von Gott als dem Sein ließ sich leicht biblisch begründen (vgl. Exodus 3,14), nicht aber der Satz, Gott sei nicht das Sein und das Sein sei geschöpflich. Eckhart findet nun einen entsprechenden Beleg für seine ungewöhnliche neue Lehre, nämlich den Beginn des Johannesevangeliums: „Im Anfang war das Wort, und das Wort war bei Gott, und Gott war das Wort" (Joh. 1,1). Daß Gott das Wort sei, wird nun von Eckhart in einen Gegensatz zu der bekannten Exodusstelle gebracht: „Nicht aber hat der Evangelist gesagt: Im Anfang war das Seiende und Gott war das Seiende."[99] Das bedeutet zudem: „Das Wort aber ist seinem ganzen Wesen nach auf den Intellekt bezogen."[100] In welchem Verhältnis steht nun der Intellekt zum Sein, das vorher ja mit Gott in eins gesetzt worden war, und dies immer wieder? Es ist bezeichnend für Eckhart, daß er vor der Konsequenz, die sich aus seinem neuen Ansatz und der dadurch erforderlichen neuen Bewertung von Intellekt und Sein ergibt, nicht zurückweicht: „ich behaupte ..., daß das Erkennen höher ist als das Sein und von höherem Rang."[101]

Im Blick auf diese andere in den frühen Pariser Quaestionen zugrundegelegte Terminologie verliert das Sein den Charakter der Identität mit Gott und gehört dann zu den Geschöpfen. Eckhart bezieht sich zu diesem Thema auf den Satz aus dem „Liber de causis", Kapitel 4: „Prima rerum creatarum est esse", nach welchem Geschöpflichkeit und Seinsgedanke zusammenhängen: „Das erste der geschaffenen Dinge ist das Sein." Dieser Satz hängt letztlich mit dem Neuplatoniker Proklos und damit auch mit dem von Proklos beeinflußten Dionysius Areopagita zusammen. Vor diesem Hintergrund paßt Eckharts Neuplatonismus tatsächlich besser zu der ihm von Koch zugeschriebenen Einheitsmetaphysik. Es ist von daher verständlich, daß Koch als Beleg für seine Zuordnung Eckharts zur Einheitsmetaphysik eine Stelle nimmt, die zur Philosophie der frühen Pariser Quaestionen paßt und dabei die Metaphysik des zweiten Pariser Magisteriums beiseite läßt.

Während auf diese Weise Eckharts Neuplatonismus der Einheitsmetaphysik und damit dem dionysischen Platonismus zugeordnet wird, rechnet Koch, wie eingangs schon kurz erwähnt, den Platonismus des Augustinus zu einer Seinsmetaphysik auf der Grundlage des Exodusbuches, die man dann auch als „Exodusmetaphysik" bezeichnet hat.[102] Im Buch seiner „Bekenntnisse" berichtet Augustinus von seiner Beschäftigung mit den Schriften der Platoniker (Confess. VII c. 10 ff.), worin von einer mit Gott identischen „unveränderlichen Wahrheit" die Rede ist. Koch nimmt das auf und gibt zu Augustinus dann folgende Interpretation: „Was er aber weiterhin als Ergebnis seiner Plotin-Studien anführt, ist Seins-Metaphysik. Die eine Wahrheit wird dem ‚Ich bin, der ich bin' gleichgesetzt, und von hier aus werden die Geschöpfe gekennzeichnet als seiend und doch – im Vergleich zu dem wahrhaft Seienden – nicht seiend, als gut, insofern sie seiend sind, und doch der Verderbnis ausgesetzt, insofern sie nicht seiend sind."[103]

Auf diese Weise kommt also Koch bei Meister Eckhart zu einer klaren Unterscheidung zwischen dem auf Augustinus zurückgehenden seinsmetaphysischen Platonismus und dem auf Dionysius zurückgehenden einheitsmetaphysischen. Daß die Eckhartsche Einheitsmetaphysik aber zutiefst mit der seinsmetaphysischen Grundthese „esse est deus" des „Opus tripartitum" verbunden ist, läßt die Kochsche Unterscheidung nicht mehr ganz so klar erscheinen. Es kommt außerdem noch hinzu, daß die dem Augustinus zugeschriebene Seinsmetaphysik seines Platonismus nicht so eindeutig festzustehen scheint. So legt Kurt Flasch Wert auf die Feststellung: „Augustin versteht das Denken überhaupt und insbesondere die Philosophie als die Frage nach dem unum; er führt seine beiden Hauptfragen (nach Gott und nach der Seele) als Teilprobleme der Frage nach dem Einen ein."[104] Es scheint jedenfalls fraglich zu sein, ob man die Begriffe des Seins und des Einen so ohne weiteres voneinander trennen und auseinanderhalten darf. Es handelt sich hier jedenfalls um ein philosophisches Grundproblem, auf das wir schon bei den vorplatonischen Denkern gestoßen waren, und bei dem wir wenigstens einen Augenblick innehalten sollten.

Der Gedanke des Seins und der Gedanke des Einen sind wesenhaft miteinander verbunden. Wer den Gedanken des Seins wirklich denkt, muß den Gedanken des Einen mitdenken. Das gehört zur Phänomenologie des Seinsbewußtseins. Die mittelalterliche Transzendentalienlehre hat diesen Zusammenhang in der Formel ausgedrückt: „ens et unum convertuntur", d. h., daß die Begriff des Seins und des Einen untereinander austauschbar sind.[105]

4. Zwischen Platon und Hegel: Nikolaus von Kues

Im letzten Kapitel des zweiten Teils unserer Betrachtungen über den Platonismus des Mittelalters beschäftigen wir uns mit Nikolaus von Kues (1401–1464). Er ist ein Denker zwischen Platon und Hegel, ein Platoniker zwischen Mittelalter und Neuzeit und wird manchmal als Vertreter der mittelalterlichen Philosophie, manchmal als typischer Neuzeitphilosoph verstanden. Der Kölner Philosophiehistoriker Karl-Heinz Volkmann-Schluck hat ihn unter diesem Gesichtspunkt einzuordnen versucht.[106] Über Leben und Entwicklung des Kusaners hat besonders Kurt Flasch (Bochum) berichtet.[107] Einen allgemeinen Einblick in die einschlägige philosophische Forschung gibt der von Klaus Jacobi herausgegebene Sammelband: Nikolaus von Kues. Einführung in sein philosophisches Denken.[108]

Wenn wir hier Nikolaus von Kues (latinisiert Nicolaus Cusanus) als Platoniker darzustellen versuchen, so greifen wir jedenfalls nur einen einzelnen Aspekt im universalen Denken dieses genialen Philosophen, Theologen und Kirchenfürsten heraus. Im Blick auf unser Thema, die Erörterung des Platonismus als die lebendige und tragende Mitte des abendländischen Philosophierens, ist es aber unvermeidlich, dem Kusaner wenigstens eine flüchtige Betrachtung zu widmen. So hat es in einem hübschen kleinen Aufsatz auch der Bochumer Philosophiehistoriker Burkhard Mojsisch gesehen: „Platonisches und Platonistisches in der Philosophie des Nikolaus von Kues", dabei zugleich schon daran erinnernd, daß der Kusaner als überzeugter Platoniker auch Gegner der Aristoteliker seiner Zeit gewesen sei.[109]

Wir werfen in der Folge einen Blick auf drei gewichtige Begriffe der Philosophie des Kusaners: erstens auf den Begriff der „docta ignorantia", der „wissenden Unwissenheit", zweitens auf den Begriff des „Zusammenfalls der Gegensätze", der „coincidentia oppositorum", drittens auf den Begriff des Einen und seiner Hintergründe".

I

Wir beginnen also mit dem Begriff der „docta ignorantia". Er hat einen durchaus platonischen Ursprung, nämlich in der „Apologie", in der Sokrates (23B) Andeutungen auf seine Weisheit des Nichtwissens macht. Diesen Begriff hat der Kusaner zum Titel seines ersten größeren philosophischen Werks gemacht (De docta ignorantia, abgeschlossen im Winter 1440). In einer beliebten deutschen Übersetzung erscheint der Titel in der Fassung „Über die belehrte Unwissenheit". Diese Übersetzung ist zwar „wörtlich", doch verstellt sie ein tieferes Verständnis des von Nikolaus Gemeinten. Wenn dann noch ein wenig „Heideggerei" hinzukommt, ist ein philosophisches Verständnis restlos verbaut.

Ein typisches Beispiel für einen derartigen Interpretationsversuch hat der Kölner Philosophiehistoriker Karl-Heinz Volkmann-Schluck geliefert. Er knüpft dabei an den Gedanken des Kusaners an, die Philosophen hätten zwar immer nach der Wahrheit gesucht, sie aber niemals gefunden. Es sei daher nötig, daß wir über unsere Unwissenheit „belehrt" würden. Zu der als „belehrte Unwissenheit" verstandenen „docta ignorantia" heißt es dann im Blick auf das dadurch bestimmte Wesen der Philosophie: „Die Philosophie ist auf der Suche geblieben. Aber bis dahin hat sie einfachhin gesucht, ohne das erstrebte Wissen zu erlangen. Sie hat nicht ihr Suchen aus der über sich selbst belehrten Unwissenheit wissentlich vollzogen, daher zwar unaufhörlich gesucht, aber noch nicht das Suchverhältnis selbst als den einzig möglichen Bezug zur Wahrheit gegründet eingesehen. Jetzt erst, da das Wissen über sich selbst belehrt ist und sich selbst in seinem notwendigen Zurückbleiben hinter sich selbst begriffen hat, findet die Philosophie ihr Wesen in dem Suchverhältnis selbst ... Die Philosophie wird daher zu einem reinen Suchen, das sich nicht mehr in einem Finden beendet, sondern als Suchen selbst ein eigenes Finden ist."[110]

Eine solche, einerseits vom Heideggerschen Unterwegssein, andererseits am Vorbild der Einzelwissenschaften orientierte Vorstellung vom Wesen der Philosophie erscheint manchem, und gerade vielen der Philosophie skeptisch gegenüberstehenden Kritikern als Ausdruck von Bescheidenheit, und dadurch als sympathisch. Wer aber so denkt, hat noch nicht erfaßt, was Platon und seine Nachfolger wollten. Das „belehrte Nichtwissen", von dem eine allzu voreilige Übersetzung ausgeht, ist eben nicht ein völliges Nichtwissen, über das man dann von außen belehrt worden ist. Das Nichtwissen bei Cusanus ist nämlich ein zu Bewußtsein gekommenes Nichtwissen auf der Grundlage eines Wissens. Um sich in diesem Punkt verständlich zu machen, erinnert der Kusaner an eine Stelle aus der „Metaphysik" des Aristoteles (Met. II 1, 993b 9–11). Dort heißt es: „wie sich nämlich die Augen der Nachtvögel gegen das Tageslicht verhalten, so verhält sich die Vernunft in unserer Seele zu dem, was seiner Natur unter allem am offenbarsten ist." Der Sinn des Textes ist eindeutig, denn Eulen oder Fledermäuse können die Sonne nicht etwa deshalb nicht erblicken, weil ihr Licht ihnen unsichtbar ist, sondern weil das Licht der Sonne ihr für solche Helle nicht eingerichtetes Sehvermögen übersteigt. Das Nichtwissen der Nachteulen ergibt sich also aus einem Wissen, und zwar aus einem übermächtigen Wissen. Man sollte also bei der deutschen Wiedergabe der „docta ignorantia" besser von einem „wissenden Nichtwissen" sprechen.[111]

Eine Bestätigung dieser Interpretation ergibt sich aus der späten „Apologia doctae ignorantiae", in welcher vom Nichtwissen des Sokrates gesagt wird, es verhalte sich wie das Wissen eines Sehenden zum Wissen eines Blinden angesichts des Sonnenlichts: „Ein Blinder kann viel (von Sehenden) über den Glanz der Sonne gehört haben, auch daß dieser so groß ist, daß man ihn nicht erfassen kann. Nun glaubt er aus dem, was er gehört hat, etwas über den Sonnenglanz zu wissen, von dem er dennoch nichts weiß" (I 523). Ein solches Nichtwissen wäre indessen in der Tat ein „belehrtes", da sie aus einer Belehrung durch andere zustande gekommen wäre, nicht aber aus Erfahrung, aus dem Anblick der Sonne selbst. Genau das aber ist vom Kusaner gemeint, denn er fährt fort: „Wenn aber ein Sehender über den Glanz der Sonne befragt wird, antwortet er, daß er darüber nichts wisse. Und er hat ein Wissen über dieses Nichtwissen (huius ignorantiae scientiam habet), weil er durch die Berührung der Sonne mit seinem Gesichtssinn erfährt, daß der Glanz der Sonne über das Sehvermögen hinausführt" (a. a. O.). In diesem Falle jedoch handelt es sich nicht um ein „belehrtes", sondern um ein erfahrenes, ein „wissendes" Nichtwissen. Der Kusaner hält es noch einmal fest: „Die aber, die durch das wissende Nichtwissen vom Hören zur geistigen Anschauung (ad visum mentis) gebracht werden, freuen sich darüber, das Wissen des Nichtwissens durch sicherere Erfahrung (certiori experimento) erlangt zu haben" (I 525). Dieses erfahrene Wissen des Nichtwissens hat unendlich mehr an philosophischem Gehalt als das „belehrte" Nichtwissen Volkmann-Schlucks.

II

Nehmen wir nun den zweiten Grundbegriff der Kusanischen Philosophie: den „Zusammenfall der Gegensätze, die „coincidentia oppositorum". Gerade aufgrund dieses Begriffs hat man Nikolaus von Kues als den Denker der Mitte zwischen Platon und Hegel verstanden.[112] Zur Lehre des Kusaners vom Zusammenfall der Gegensätze betont einer der Herausgeber der Heidelberger Cusanus-Ausgabe: „Jeder Versuch, die philosophische Bedeutung des Nikolaus von Kues zu ermessen, muß ausgehen von dem Grundsatz der gesamten kusanischen Philosophie, dem Prinzip des Zusammenfalls der Gegensätze."[113] Zu der Schrift „De beryllo", die der Kusaner den Mönchen vom Tegernsee gewidmet hat, schreibt der als Herausgeber geltende Wiener Philosophiehistoriker: „Die Schrift kennzeichnet die Methode der Vernunft in der Wesenserkenntnis der Dinge. Das Gleichnis vom zugleich konvex und konkav geschliffenen Beryll verdeutlicht, daß die ‚Brille' der Vernunft der Einheit der Gegensätze, dem Prinzip der coincidentia oppositorum, optisch entspricht" (III, S. VII). Zu Beginn der Schrift über den Beryll schreibt der Kusaner: „Wer gelesen hat, was ich in meinen verschiedenen Büchern geschrieben habe, wird sehen, daß ich mich häufig mit dem Zusammenfall der Gegensätze beschäftigte und mich oft bemühte, mein Denken einer vernunfthaften Schau gemäß (iuxta intellectualem visionem) zu entfalten, die über die Kraft des Verstandes hinausgeht" (De beryllo, c. 1). In diesem Satz scheint mir dreierlei besonders wichtig zu sein: erstens die Betonung des Gedankens der „coincidentia oppositorum", zweitens die Unterscheidung von zwei Erkenntnisweisen: die des urteilenden Verstandes (ratio) und die der schauenden Vernunft (intellectus), drittens die Höherstellung der Vernunft über den Verstand.

Der Kusaner ist sich darüber im klaren, daß er mit dieser seiner Einschätzung dem Alltagsdenken widerspricht. Was über den Verstand hinausgeht, erscheint dem Alltagsmenschen als wirklichkeitsfremd und „irrational". Dieser macht in diesem Punkt keinen Unterschied zwischen Irrationalem und dem Überrationalem. Aber gerade dieses Letztgenannte ist das Gebiet des Zusammenfalls der Gegensätze, der „coincidentia oppositorum". Nikolaus erinnert in diesem Zusammenhang an seine großen Vorläufer mit ihrer Weigerung, mit Uneinsichtigen über Themen zu sprechen, die das verstandesmäßige Denken überschreiten. Ein solches Mitteilungsverbot gehört überhaupt zur Beschäftigung mit der religiösen Mystik. Dazu bemerkt der Kusaner in der Schrift über den Beryll: „Der Grund aber, warum sowohl Platon in seinen Briefen wie auch der große Dionysius Areopagita verboten haben, solche Geheimnisse (haec mystica) denen mitzuteilen, welchen geistige Erhebungen (elevationes intellectuales) unbekannt sind, war der, daß diese nichts lächerlicher finden als solch hohe Dinge (haec alta)."

Es fällt auf, daß der Kusaner die Platonischen Briefe gekannt hat (die im Mittelalter noch unbekannt waren), und zwar offenbar gerade auch den siebten Brief mit der Aussage Platons, das Eigentliche seiner Philosophie sei nicht in Worte zu fassen (341CD). Dieses Eigentliche ist jedoch für Nikolaus, den christlichen Theologen und kirchlichen Würdenträger, das Göttliche und, christlich gesprochen, der Gott des Christentums. Von diesem Gott sagt der Kusaner nun mit einer an Anselms ontologischen Gottesbeweis erinnernden Wendung, Gott sei das Größte, über das hinaus es nichts Größeres geben könne (maximum, quo nihil maius esse potest), zugleich sei er aber auch das Kleinste, über das hinaus es nichts Kleineres geben könne (minimum, quo nihil minus esse potest). In Gott fällt also der Gegensatz des Größten und des Kleinsten in eins.

Für den menschlichen Alltagsverstand ist der Gedanke des Zusammenfalls der Gegensätze widersinnig und sogar lächerlich. In der Schrift über den Beryll hat der Kusaner versucht, seinen Gedanken anhand mathematischer Beispiele dem Verstandesdenken näher und damit verständlicher zu machen. Zum Beispiel ist in der Mathematik der rechte Winkel einerseits der am wenigsten spitze und andererseits zugleich auch der am wenigsten stumpfe (De beryllo c. 25). Ferner ist der Winkel von 180 Grad der größte, jedoch mit dem kleinsten Winkel, dem von 0 Grad, identisch (De beryllo c. 8). Natürlich sind solche Beispiele für das, was der Kusaner letztlich meint, nur schwache Bilder.

Im Blick auf die bildreiche Sprache des Dionysius Areopagita erklärt der Kusaner seine Beispiele mit einem Satz aus dessen Schrift „Über die Namen Gottes" (De divinis nominibus V 8): „Wir tun nichts unserer Veranlagung Fremdes, wenn wir mit Hilfe schwacher Bilder zum Urheber aller Dinge emporsteigen und mit ganz reinen und über die Welt erhabenen Augen alles im Grund aller Dinge erblicken und die wechselseitigen Gegensätze eingestaltig (uniformiter) und vereint (counite) sehen" (De beryllo c. 10). Es ist möglich, daß der Areopagite eine entscheidende Rolle bei der Begründung der Lehre vom Zusammenfall der Gegensätze gespielt hat.

III

Das dritte Hauptthema des Kusanischen Platonismus ist die Frage nach dem Verhältnis des Einen zum Vielen. Gott ist der Eine oder, philosophisch gesehen, das Eine. So heißt es in der Schrift über den Beryll: „Es scheint aber Gott der Name des Einen mehr zu entsprechen als jeder andere Name" (De beryllo c. 12). In der Sprache der Theologie geht es hier um das Verhältnis Gottes zur Welt, um das Verhältnis des Schöpfers zu seiner Schöpfung. Die orthodoxe Theologie legte damals besonderen Wert darauf, daß die Grenzen zwischen Gott und der Welt nicht zu sehr verwischt werden. Wo dies geschah, vermutete man eine gefährliche und zu bekämpfende Irrlehre, die später als „Pantheismus" bezeichnet wurde.[114] Wegen des Verdachts, diese Irrlehre zu vertreten, ist auch Nikolaus von Kues angegriffen worden, und zwar noch zu seinen Lebzeiten in der Schrift „De ignota litteraturae" des Johannes Wenck zu Herrenberg. Der Kusaner hat darauf in seiner „Apologia doctae ignorantiae" geantwortet

(I 519–591). Mit dieser Auseinandersetzung hat sich Kurt Flasch (Bochum), der sich besonders für die allgemeinen Konflikte im mittelalterlichen Denken interessiert, näher beschäftigt in seinem Kapitel über „Wissen oder Wissen des Nichtwissens – Johannes Wenck gegen Nikolaus von Kues".[115] Dabei kommt Flasch zu dem Ergebnis: „Cusanus antwortete auf die Streitschrift Wencks kurz und mit antikisierender Eleganz. Schon der Titel ‚Apologie des wissenden Nicht-Wissens' enthielt eine Anspielung auf Sokrates; Cusanus setzte die neue, humanistische Weite des geschichtlichen Horizonts und den Glanz der an der Antike geschulten literarischen Form des Dialogs gegen die schulmeisterliche Spätscholastik seines Heidelberger Gegners."[116] Mit anderen Worten: Der Kusaner erweist sich durch die Rückbeziehung seines Denkens auf Sokrates und dessen Weisheit des Nichtwissens als echter Platoniker.

Aber zurück zum Thema des Einen und des Vielen! Im Hinblick auf das Pantheismusproblem verbindet sich dieses Thema mit der Lehre vom Zusammenfallen der Gegensätze, denn in Gott als dem Einen fällt die Vielheit des geschöpflichen Seienden in eins. Mit Recht hat in einer früheren Arbeit Kurt Flasch festgehalten: „Die cusanische Philosophie ist wesentlich Metaphysik des Einen; sie ist Henologie vor dem Auseinandertreten von Ontologie und Gnoseologie."[117]

Das Verhältnis von Einheit und Vielheit deutet der Kusaner mit seinem Begriff der „complicatio". Das heißt, daß das Eine dadurch, daß es das Viele eingefaltet in sich enthält, gewissermaßen alles ist: „Omnia enim complicite est, quae esse potest" (De beryllo c. 10). Gegenbegriff zur „complicatio" ist die „exlicatio". Dem Begriff der Einfaltung entspricht dann die Ausfaltung. Was im Einen noch eingefaltet ist, wird ausgefaltet zur Vielheit. Diese Ausfaltung ist die Schöpfung. Gott als Schöpfer wird von Nikolaus in seiner Schrift über die Gottesschau folgendermaßen angeredet: „Das Ausgehen der Schöpfung von Dir ist Eingehen (in Dich), und Ausfalten ist Einfalten (De visione dei c. 11). Hier wirkt sich anscheinend der Gedanke des Zusammenfalls der Gegensätze wieder aus.

Zum Schluß noch einige Texte zum Begriff der Philosophie, die ja fast immer als „Liebe zur Weisheit" verstanden worden ist, und darin unter „Liebe" soviel wie Streben oder Suchen. Diese Auffassung verfehlt zwar den ursprünglichen Sinn des griechischen Wortes „philia", doch hat er sich vielfach durchgesetzt.[118] Zu Beginn dieses Kapitels haben wir in diesem Sinne einen Text aus Volkmann-Schluck zitiert. Bei Nikolaus von Kues scheint beim Titel seiner Schrift „De venatione sapientiae" auf den ersten Blick ebenfalls die übliche Auffassung zugrunde zu liegen, worin Philosophie „Jagd nach der Weisheit" sei und damit mancher modernere Interpret sie sich als ein nie an sein Ende kommendes Streben vorstellt. Es hieße aber, das Wesen der Jagd völlig mißzuverstehen, wenn man vergäße, daß das Wesen der Jagd nicht nur im Jagen der Beute besteht, sondern im Erjagen, im Ergreifen der Beute.

Das Thema des Einen, das neben dem der „docta ignorantia" und der „coincidentia oppositorum" das dritte wichtige Thema der kusanischen Philosophie zu sein scheint, wird in der Schrift über die Jagd nach der Weisheit folgendermaßen aufgenommen: „Als Aurelius Augustinus sich um die Jagd nach Weisheit bemühte, schrieb er in dem Buch ‚De ordine‘, daß das Denken aller Philosophen um die Frage nach dem Einen kreise. Ebenso hat nach ihm der gelehrte Boethius in seiner Schrift über die Einheit und das Eine gezeigt, daß man die Jagd nach Weisheit auf dieselbe Weise anstellen müsse, wie es dort geschehen ist. Beide folgen hierin Plato, der das Eine das erste und ewige Prinzip nennt" (De ven. sap. c. 21). Der Kusaner betont ferner, daß das Eine umfassender sei als das Seiende, was er gegen Aristoteles festhält, der ja in seiner „Metaphysik" des Seiende als mit dem Einen vertauschbar angesehen hat („ens et unum convertuntur"). Cusanus beruft sich in diesem Abschnitt auf seine Vorgänger, mit denen er im Einverständnis ist, daß die Philosophie als Jagd nach der Weisheit das Eine als ihr Ziel erkannt hat und demzufolge ihre Aufgabe darin besteht, dieses Ziel als ihre Hauptaufgabe zu verfolgen.[119]

# III. Teil:
Neuzeit

1. Marsilio Ficino
und die Platonische Akademie der Medici in Florenz

Mit dem ersten Kapitel des dritten Teiles betreten wir das Gebiet der Neuzeit und des neuzeitlichen Platonismus. Im Mittelpunkt dieses Kapitels werden die sogenannte „Platonische Akademie" der Medici in Careggi und die Philosophie ihres Leiters Marsilio Ficino (1433–1499) stehen. Es handelt sich hier nicht um eine offiziell als Akademie auftretende Institution, sondern um eine Villa, die Cosimo de' Medici an Marsilio Ficino weitergegeben hatte und in der sich dann eine Reihe an der Platonischen Philosophie interessierte Denker zum Gedankenaustausch und gemeinsamen Studien trafen.

Zunächst jedoch einige Vorbemerkungen. Im Jahre 1453 hatten die Türken, die wieder einmal nach Europa vordringen wollten, nach jahrelanger Belagerung Konstantinopel erobert, die Hauptstadt des oströmischen Reiches. Die im Zuge dieser Eroberung vollzogenen Greuel an den „Ungläubigen" versetzten damals das Abendland in Furcht und Schrecken. In dieser Zeit verließen zahlreiche griechische Gelehrte die Stadt und retteten Teile ihres Eigentums nach Italien. Mit den Flüchtlingen kamen unter vielen anderen Texten von unschätzbarem Wert die Dialoge Platons und die Schriften Plotins im Urtext zu uns. Ficino gewann als Übersetzer dieser Platonischen und Plotinischen sowie einer weiteren Anzahl der in Platons Umkreis entstandenen Werke höchsten Ruhm.

Die Übersetzungen der bis dahin im Abendland nur in einigen wenigen Stücken vorliegenden Werke ließ ein ganz neues Bild nicht nur der des Platonismus entstehen, sondern überhaupt der griechischen Kultur. Man verstand die neue Sicht auf die abendländische Vergangenheit bald geradezu als eine Wiedergeburt der Antike, wofür sich im 19. Jahrhundert Begriffe wie „Renaissance" oder „rinascimento" als Epochenbezeichnung durchsetzten. Die Wiederentdeckung der Antike ließ auch das freiere Lebensgefühl der Griechen bewußtwerden. Ihm gegenüber erschien das Mittelalter als eine finstere Zwischenzeit zwischen Altertum und Neuzeit, als „medium aevum" zwischen zwei bedeutenderen Kulturepochen, denen man sich gemeinsam zugehörig empfand.

I

Beginnen wir mit der Platonischen Akademie. Den Anstoß zu ihrer Gründung gab ein in Deutschland wenig bekannter byzantinischer Philosoph: Georgios Gemistos Plethon, um 1350 in Konstantinopel geboren, 1452 in Mystra (oder Mistra) in der Nähe von Sparta gestorben.[120] Plethon war als Berater des oströmischen Kaisers zum Konzil von Ferrara (1438–1439) gekommen (es ging damals um die Vereinigung des weströmischen und der oströmischen Kirche). In Italien hielt Plethon vielbeachtete Vorträge, in denen er für eine Erneuerung der griechischen Philosophie des Altertums eintrat, insbesondere der Platonischen und der Plotinischen Philosophie. Außerdem setzte er sich für eine Versöhnung der verschiedenen Religionen ein, sogar zwischen Christentum und Islam (was allerdings für eine bedauerliche Unkenntnis des Korans und der Scharia zeugt). Überhaupt bemühte er sich weniger um Forschung und Wissenschaft als um die Erneuerung des Lebens in Staat und Kirche.

Dabei gewann er offensichtlich auch Einfluß auf Cosimo de' Medici, dessen Gast er war und den er zur Gründung einer Akademie veranlaßte, deren Ziel das Studium der platonischen und neuplatonischen Philosophie sein sollte (1459). Cosimo stiftete dazu seine Villa in Careggi bei Fiesole und bestimmte den Arzt Ficino zu ihrem Leiter.

Als Platoniker betonte Plethon auch die Verschiedenheit zwischen Platon und Aristoteles in seiner Schrift „Über die Unterschiede zwischen Platon und Aristoteles" (Peri hon Aristotéles pros Plátona diaphéretai). Darin wird Platon weit über Aristoteles gestellt und das Griechische weit über das Christliche, wobei Plethon sogar so weit geht, daß er die Rückkehr zum Polytheismus der Griechen empfiehlt.

II

Aber kehren wir zu Ficino zurück! Er war übrigens, wie bereits erwähnt, nicht nur der bedeutendste Übersetzer dieser Zeit, sondern hat auch die Platonische Philosophie sich selbständig zueigen gemacht und sie in einer Anzahl eigener Schriften weiterentwickelt. Hierhin gehört die im Stil Platonischer Dialoge verfaßte Schrift „Über die Liebe oder Platons Gastmahl"[121] und die umfangreiche „Theologia Platonica" (um 1482), Ficinos Hauptwerk. Paul Oskar Kristeller hat dieses Werk seiner Darstellung der Ficinoschen Philosophie zugrunde gelegt.[122]

Werfen wir aber zunächst einen Blick auf einen Brief, in welchem Ficino seinem Freund Giovanni Cavalcanti den Leitgedanken der Platonischen

Philosophie mitzuteilen versucht: „Darauf ging hauptsächlich das Bestreben des göttlichen Platon, wofür ja sein Dialog ‚Parmenides' und die ‚Epinomis' Zeugnis ablegen: das eine Prinzip der Dinge nachzuweisen, welches er vorzugsweise ‚das Eine an sich' nannte. Auch lehrte er, daß die eine Wahrheit aller Dinge das allen vernünftigen Seelen und allen Denkformen eingegossene Licht des Einen an sich, d. i. Gottes sei, welches zugleich die Denkformen den vernünftigen Seelen zugänglich mache und die vernünftigen Seelen mit den Denkformen vereinige. Mit dieser Wahrheit, welche identisch ist mit dem Lichtstrahl des Einen, d. i. Gottes, muß sich also einzig und allein beschäftigen, wer auch immer sich zur Platonischen Philosophie bekennen will."[123] In diesem Brief erscheint auch die Platonische Dreigliederung der Wirklichkeit, die Ficino übernimmt. Zuunterst gibt es die Welt des Seienden, der Dinge, der Objekte; eine Stufe darüber steht die Welt der Ideen, der „Denkformen" als Ursache der Dinge; Ursache der Ideen schließlich und damit das Höchste ist das mit Gott identische Eine. Die Florentinische Platonauffassung steht also auf dem Boden der ältesten Interpretation des Platonismus, die den Begriff des Guten durch den Begriff des Einen ersetzt, das aber letztlich mit Gott gleichgesetzt wird und damit zu einer religiösen Philosophie führt. In diesem Punkt sind Antike, Mittelalter und frühe Neuzeit einig.

Das hat auch Hanna-Barbara Gerl so gesehen, indem sie in ihrer weithin anerkannten „Einführung in die Philosophie der Renaissance" betont: „Ficinos gedanklicher Antrieb ist eine ‚philosophische Religion', welche die grundsätzliche Gemeinsamkeit des geoffenbarten Gottes mit dem (neu)platonischen Einen und Ersten, ja mit den Theomythen der für uralte göttliche Weisheit gehaltenen orphischen und hermetischen Schriften erweist."[124] Auch Paul Kristeller versteht das Denken Ficinos als religiöse Philosophie, als „pia philosophia", als „fromme Philosophie" und weist auf ihren Bezug zur Theologie hin: „Die platonische Lehre ist ihrem Wesen nach eine fromme Philosophie, sie gewährleistet die Übereinstimmung von Philosophie und Religion, und darum wird sie geradezu selbst als Theologie bezeichnet, wie es auch im Titel von Ficinos Hauptwerk zum Ausdruck kommt."[125] Ficino hebt mehrfach auch die Übereinstimmung zwischen der mosaischen und der platonischen Lehre hervor: „Ja, er betrachtet die ‚frommen Philosophen' Pythagoras, Sokrates und Platon geradezu als Wegbereiter des Christentums und läßt sie gleich den Propheten des Alten Testaments in die ewige Seligkeit eingehen."[126] Das sind Aussagen, die man nicht ohne weiteres bei einem hervorragenden Renaissancephilosophen erwartet.

Uns interessiert hier aber das Philosophische bei Ficino, und zwar insbesondere dreierlei: seine Metaphysik, seine Erkenntnislehre und seine politische Philosophie. In seinem Aufsatz „Marsilio Ficino und der Platonismus der Renaissance" ist Edward P. Mahoney (Universität Durham, USA) auf diese Themen eingegangen.[127] Er hebt zunächst hervor, daß es ein Fehler sei, Ficino hauptsächlich als Interpret von Platon und der platonischen Tradition aufzufassen und dabei zu vernachlässigen, daß er ein Platoniker sein wollte, was ja doch wohl meint, ein sich mit der Platonischen Philosophie identifizierender und sie weiterbildender Denker. Ficinos eigentliche Leistung bestehe daher nicht in seinen Übersetzungen und Kommentaren, sondern in seinem großen systematischen Werk der „Theologia Platonica".[128]

Auf dem Felde der Metaphysik entwickelt Ficino eine Hierarchie der Seinsweisen oder Seinsgrade. Bei Plotin gibt es davon nur drei: das Eine, den Nous und die Seele, die „Hypostasen". Ficino nimmt dagegen fünf dieser Hypostasen an: Gott, den Geist, die Seele, die Qualität und die Materie. Je näher nun ein Seiendes zu Gott ist, desto höher ist sein Seinsrang. Allerdings ist diese These problematisch. Wenn nämlich Gott unendlich ist, dann muß er von allen Weisen des Seienden gleich weit entfernt sein, so daß man die einzelnen Weisen des Seins nicht nach ihrer Nähe oder Ferne gegenüber Gott hierarchisch einordnen und bestimmen kann. Auf die Diskussion dieser Problematik müssen wir hier nicht näher eingehen.[129]

Nun eine Bemerkung zu Ficinos Erkenntnislehre. Charakteristisch ist hier die Lehre von den angeborenen Ideen, die sich etwa in der „Theologia Platonica" oder auch in einigen Kommentaren zu Platonischen Dialogen findet. So gibt es einerseits erworbene Begriffe, die wir aus dem, was uns die Sinne liefern, durch Abstraktion gewinnen. Andererseits gibt es Begriffe, die nicht durch Sinnenerkenntnis erworben sein können und anscheinend immer schon in uns vorhanden gewesen, daher uns gewissermaßen angeboren zu sein scheinen, etwa mathematische Axiome oder moralische oder ästhetische Werte.[130] Diese angeborenen Ideen bezeichnet Ficino in seiner Schrift „Über die Liebe oder Platons Gastmahl" als „Urbegriffe" und bezieht sich dabei auf einzelne frühe Dialoge Platons: „Wer seinen Jugendwerken folgt, nämlich dem ‚Phaidros', dem ‚Phaidon' und ‚Menon', wird meinen, sie seien von Anbeginn in der Substanz der Seele eingezeichnet wie Figuren auf einer Tafel."[131] In der „Politeia" hat Platon nach Ficino diese Theorie dann aber stark modifiziert. Platon wird jetzt geradezu für göttlich gehalten, und zwar aufgrund seiner Beschreibung der Polis als gottbezogen und gottgegründet.

Schließlich noch ein Wort zu Ficinos politischer Philosophie. Mahoney stellt zunächst fest, daß diese Seite bei Ficino viel zu wenig beachtet werde, obwohl doch bekannt sei, daß dieser Kommentare über den Gorgias, die Politeia und den Politikos verfaßt habe: „Es läßt sich nur schwer verstehen, wie Ficino diese Dialoge hätte studieren und im einzelnen analysieren können, ohne sich den großen Themen der Ethik und der politischen Philosophie zu stellen."[132]

III

In dem schon zuvor erwähnten Buch von Paul Richard Blum (Maryland, USA) über „Philosophieren in der Renaissance" wird auf zwei Aspekte der Philosophie Ficinos aufmerksam gemacht, die wir bisher noch nicht näher ins Auge gefaßt haben: einerseits das Thema der Freiheit, andererseits das Thema einer allgemeinen Religion (das sich immerhin bei Plethon kurz andeutete).

Das Freiheitsthema gehört wesenhaft überhaupt zur Renaissance und gerade auch zur Renaissancephilosophie. Blum erörtert es in einer Betrachtung über „Gott als der Ernstfall der Freiheit und die Aufgabe des Menschen nach Marsilio Ficino".[133]

Blum hält sich bei diesem Thema im wesentlichen an Ficinos Hauptwerk, die „Theologia Platonica", worin es immer wieder um die Freiheit Gottes geht, um die Freiheit des Menschen begreifen zu können. Der Mensch ist klar als Subjekt der Freiheit verstanden. Als solcher hat er die existenzielle Fähigkeit der Zuwendung zu etwas (oder auch der Abwendung von etwas). Solche Freiheit ist also intentional. Dazu bedarf der Mensch der Erkenntnis. Die Freiheit des Wollens hat das zur Voraussetzung. Die Willensfreiheit ist die wesenhaft menschliche Freiheit. Sie ist allerdings lediglich ein defizienter Modus der vollendeten Freiheit Gottes. Von ihr, die allein um des Menschen willen hier zum Thema wird, heißt es bei Blum: „Die göttliche Freiheit ist zwar auch eine Freiheit der Zuwendung oder Hinwendung, jedoch steht der Akzent nicht auf der Intentionalität oder gar der Richtung der Intention, sondern auf der Spontaneität. Das Aus-sich-heraus-frei-Sein ist eine Form von Autonomie oder gar die Autonomie selbst".[134] Freilich scheint Blum hinsichtlich der menschlichen Freiheit bei Ficino ebenfalls so etwas wie Spontaneität anzunehmen.

Die Spontanfreiheit Gottes ist also nicht unüberbrückbar von der Hinwendungsfreiheit des Menschen getrennt. Auch bei Gott gibt es Hinwendung zu etwas, und beim Menschen gibt es Spontaneität. Das bedeutet nach Blum für den Menschen eine doppelte Art von Freiheit: „Das Existenzial Freiheit hat einen Aspekt der Hinwendung und einen Aspekt des autonomen Hervorgangs." Blum zieht hier die mittelalterliche Transzendentalienlehre hinzu,[135] indem er folgendermaßen fortfährt: „Die göttliche Freiheit erweist zudem aber Freiheit als ein Transzendentale, das ohne Schwierigkeiten mit dem Guten, Wahren, Einen und Seienden konvergiert, soweit das menschlich möglich ist ... Insofern ‚gut', ‚wahr', ‚eins' und ‚seiend' verschiedenen transzendenten Akten zuzuordnen sind, die in Gott der Sache nach ununterschieden sind, gehört ‚frei' unvermittelt dazu."[136]

Nimmt man nun die Freiheit nicht nur vom Denken und Wollen her in den Blick, sondern vom menschlichen Lebensvollzug her, so findet sich hier bei Ficino in den Vordergrund gestellt die Liebe. Dazu nun Blum: „Die zwischenmenschliche Liebe besteht im Austausch der Seelen der Liebenden, die sich selbst jeweils im Anderen finden. Liebe ist für Ficino ein durch den Anderen geläuterter Selbstbezug. ... Der Selbstbezug der Liebe zum Anderen ist in einer höheren Einheit aufgehoben, im wahren Sein des Menschen."[137]

Wir verlassen damit das Freiheitsthema, wie es sich bei Blum andeutet, und wenden uns nun Ficinos Begriff einer allgemeinen Religion zu, von der im 14. Buch der „Theologia Platonica" die Rede ist und an die Paul Richard Blum dann auch anknüpft.[138]

Blum weist zunächst darauf hin, daß Ficino wenig Interesse für die Auseinandersetzung mit Inhalt und Formen der verschiedenen Religionen hatte, weil „er selbst ein praktisches Konkordanzprojekt verfolgt, nämlich die Integration des christlichen Denkens in den genuin paganen Platonismus zugunsten einer neuen Philosophie des Seelenheils".[139] Ficino gehe dabei von einem anthropologischen Ansatz aus, insofern die Religion eigentümlich und wahrhaft für das Wesen des Menschen sei. In der Begründung dieser These erscheint eine für den Humanismus der Renaissance charakteristische Auffassung der Gottebenbildlichkeit des Menschen: Zur Religion gehöre nun einmal Verehrung, der Mensch aber verehre sich selbst und sich selbst wie eine Gottheit, was schon an sich etwas Göttliches im Menschen sei. Blum zitiert dazu noch eine Stelle aus der „Theologia Platonica" wörtlich.[140]

Verehrung in der Religion ist selbstverständlich nicht nur die Selbstverehrung des Menschen, sondern im strengen und eigentlichen Sinne Gottesverehrung. Diese aber stellt für den Menschen eine wesentliche Aufgabe dar, weil der Mensch zwischen Gott und der Schöpfung vermitteln soll: „Das religiöse, also gottesverehrende Verhalten ist demnach ein Sonderfall der Vermittlungsfunktion des Menschen zwischen Gott und Schöpfung ... Auf diese Weise rückt Ficino Gott als Schöpfer und als Objekt der Religion so eng zusammen, daß die Einheit der Gottesverehrung nicht aus der Einzigkeit des Gottes gespeist wird, sondern aus der Natur und der Humanität."[141]

In dieser Sicht auf das religiöse Verhalten fällt kein Blick auf die Unterschiede zwischen den verschiedenen Religionen, und also gibt es auch keine Konkurrenz unter ihnen. Ficinos Ziel ist die Betrachtung der einen und allgemeinen Religion, in der alle Verschiedenheit der Religionen aufgehoben ist.

Am Ende seiner Interpretation kehrt P. R. Blum noch einmal an den Anfang unseres Kapitels über die Platonische Akademie in Florenz zurück, indem er auf die religionsphilosophische Bedeutung von Ficinos Übersetzungen der Schriften Platons und Plotins verweist.[142]

2. Die Platonikerschule von Cambridge

Eine der bekanntesten Veröffentlichungen über die Cambridge-Platoniker ist das Buch von Ernst Cassirer: „Die platonische Renaissance in England und die Schule von Cambridge". Cassirer stellt zu den Denkern dieser Schule fest, daß sie „abseits von der Gedankenbewegung und abseits von den stärksten und wirksamsten religiösen Kräften ihrer Epoche standen".[143] Wie kommt es jedoch, daß Anhänger der Platonischen Philosophie, des tragenden Fundaments des abendländischen Philosophierens, im neuzeitlichen England in die Rolle von Außenseitern kamen? Um das zu verstehen, müssen wir einen Blick auf die Geschichte der englischen Philosophie im 17. Jahrhundert werfen. Merkwürdigerweise hat übrigens in den neuesten Darstellungen der Renaissancephilosophie bei Hanna-Barbara Gerl (1989) und Paul Richard Blum (2004) die Platonikerschule von Cambridge keine Berücksichtigung gefunden.

I

Die englische Philosophie der Neuzeit geht zunächst auf Francis Bacon (1561–1626) zurück. In einer Zeit des Umbruchs aus einer feudalen zu einer industriellen Gesellschaft erkannte er schon früh die Bedeutung der Wissenschaften und der Technik. Als Förderer ihrer Entwicklung forderte er die Trennung von Wissen und Glauben. Die Philosophie sollte dem Denken der neuen Zeit angepaßt werden. Ziel der Philosophie dürfe nicht die Kontemplation sein. Philosophie habe den wissenschaftlichen Entdeckungen und technischen Erfindungen zu dienen. Die Gedanken einzelner Platoniker blieben Bacon daher unverständlich. Da es für ihn immer nur empirische und außenweltliche Erfahrungen gab, hatte er auch keinen Sinn für innere und geistige Erfahrung, wie sie in der Philosophie des Platonismus und besonders auch des Neuplatonismus die Voraussetzung darstellt.

Unter dem Einfluß Bacons stand danach das philosophische Denken eines anderen bedeutenden englischen Philosophen des 17. Jahrhunderts: Thomas Hobbes (1588–1679), dessen konsequent aufklärerisches Denken ihm bei seinen theologischen Widersachern den Titel eines „Vaters des Unglaubens" eintrug. Jedenfalls hat in seinem Denken die Theologie keinen

Platz. Philosophie soll nach Hobbes gemäß der Methode der Mathematik und der Naturwissenschaften betrieben werden. Seine Definition der Philosophie lautet: „Philosophie ist die rationale Erkenntnis der Wirkungen oder Erscheinungen aus ihren bekannten Ursachen oder erzeugenden Gründen und umgekehrt der möglichen erzeugenden Gründe aus bekannten Wirkungen."[144] In seinen politischen Theorien, die überhaupt sein Denken maßgeblich bestimmen, bestreitet Hobbes die Willensfreiheit. Die Handlungen der Menschen werden demnach allein von den Affekten und dem Selbsterhaltungstrieb gelenkt, was letztlich zum Kampf aller gegen alle führt (bellum omnium contra omnes), woraus sich schließlich die Notwendigkeit der Suche nach Frieden ergibt, ein freilich recht äußerliches Motiv.

Abschließend noch ein Wort zu John Locke (1632–1704)). Er ist ganz und gar Empirist, lehnt die Annahme von angeborenen Ideen ab, und zwar sowohl von theoretischen als auch von moralischen Ideen. Es gibt für den Menschen nur erworbenes Wissen. Das Bewußtsein sei leer wie ein ungeschriebenes Blatt, eine „tabula rasa". Nichts ist nach Lockes Meinung im Verstand, was nicht vorher von einem der Sinne wahrgenommen wurde. „Nihil est in intellectu, quod non ante fuerit in sensu."

II

Die Gedanken von Bacon, Hobbes und Locke beherrschten im England des 17. Jahrhunderts das geistige Leben. Daß die Philosophen der Universität von Cambridge in dieser aufgeklärten, glaubensfernen und größtenteils geradezu antichristlichen Welt nur Außenseiter, nur Fremdlinge sein konnten, ist ohne weiteres einzusehen, wenn man berücksichtigt, daß sie das Christentum gegen den neuen Geist der Auflehnung gegen die überlieferte Religion zu verteidigen suchten, da sie ja im Hauptberuf Theologen und anglikanische Geistliche waren. Als Theologen hatten sie sich kritisch mit den aufklärerischen Gedanken der Zeit auseinanderzusetzen. Wurzel und Mitte ihrer Philosophie aber war die Lehre Platons, so daß man sie mit Recht als Platoniker bezeichnen darf.

Miteinander verbunden waren sie vor allem durch ihre Lehrtätigkeit an der hochberühmten Universität Cambridge. Dort bildete die Gemeinsamkeit ihres Denkens das, was man später die „Cambridger Schule" nannte. Über die Berechtigung dieses Namens ist in der einschlägigen Literatur viel diskutiert worden. Wir werden ihn hier beibehalten, weil es wenig Sinn hätte, nach einem anderen Namen zu suchen. Es handelt sich jedenfalls um die Theologie und Philosophie mehrerer am gleichen Ort und in gleicher

Gesinnung wirkender Hochschullehrer. Unter ihnen ragen vier besonders hervor: Benjamin Whichcote (1609–1683), Henry More (1614–1687), Ralph Cudworth (1617–1688) und dazu noch Anthony Ashley Cooper Earl of Shaftesbury (1671–1713).

III

Whichcote gilt als Gründer der Schule. In einem Aufsatz über die Cambridger Platoniker zitiert Graham A. J. Rogers die Stellungnahme eines Zeitgenossen über Whichcote, die diesen als einen Menschen schildert, dem die Religion nach seinen eigenen Worten „a seet of deiform nature" sei (worin das Adjektiv „deiform" an die Sprache der mittelalterlichen Mystik erinnert) und der seinen Schülern empfahl, die alten Philosophen zu lesen, vor allem Platon, Cicero („Tully") und Plotin.[145] Dies ist dann auch von den folgenden Denkern befolgt worden.

IV

Wir kommen nun zu den drei wichtigsten Vertretern der Cambridger Schule und beginnen mit Henry More. Er war anfänglich Anhänger von Descartes, dem „Vater der Philosophie der Neuzeit", der mit seiner Lehre vom Zusammenhang des Bewußtseins mit der Erfahrung des Seins („Cogito, ergo sum") das moderne Denken maßgeblich bestimmt hat.[146] Danach wandte er sich freilich im Sinne Whichcotes dem Platonismus und darüber hinaus einer von Jakob Böhme und der Kabbala beeinflußten Mystik zu. In seinem Aufsatz über „Henry More und die Cambridger Platoniker" beschäftigt sich der französische Schriftsteller Serge Hutin deshalb bevorzugt mit More, „weil er der einzige der Gruppe war, der Bedeutendes für das uns wichtige Gebiet, die christliche Theosophie, geleistet hat.[147] Uns interessiert bei More freilich mehr das, was von ihm im Geist des Platonismus ausgeführt wird.

Die Platoniker von Cambridge nehmen zum Beispiel (und ganz im Platonischen Sinne) angeborene Ideen im menschlichen Bewußtsein an. More unterscheidet dabei drei Arten. Erstens handelt es sich dabei um mathematische Begriffe, wie sie sich beispielsweise aus dem Wesen des Dreiecks ergeben. Zweitens spielen gewisse Axiome, die uns die Logik liefert: etwa Ursache und Wirkung, Ganzheit und Teil, Ähnlichkeit und Unähnlichkeit, Gleichheit und Ungleichheit. Schließlich auch die Begriffe von Gut und Böse.

Hutin betont, daß tatsächlich diese drei Arten angeborener Ideen Voraussetzungen und Grundbedingungen jeglicher Erkenntnis seien und der

Hinweis Henry Mores auf sie „schon fast kantianisch" zu verstehen sei. Dann aber kommt er nach einigen Hinweisen auf Platonisches zu einem seiner Lieblingsthemen: der jüdischen mystischen Überlieferung, der Kabbala. Zu ihr gelangt Hutin auf folgendem Weg: „Indem Henry More die Ansichten (!) Platons wieder aufgreift und die ‚Divine Sagacity' ... lobpreist, die dem menschlichen Geist das intuitive Erfassen des Wahren ermöglicht, entdeckt er eine ehrwürdige Tradition wieder, in der nicht nur das idealistische Denken im eigentlichen platonischen Sinne und dasjenige der Neuplatoniker und Hermetiker steht, sondern auch eine noch viel frühere heilige Weisheit: die biblische Kabbala des Moses jenseits des Hermes Trismegistos und Pythagoras."[148] Hutin ergänzt also das Platonische bei More durch Jüdisches, nämlich jüdische Mystik sowie Isoterisches (in diesem Zusammenhang ist der neben Hermes Trismegistos außerdem erwähnte Pythagoras nicht als der berühmte Mathematiker zu verstehen, sondern als der Zauberpriester nach antiken Quellen, den moderne Forscher in die Nähe zum Schamanismus gebracht haben).[149] Um zu diesem Thema noch einmal Hutin zu zitieren: „Im Vorwort zu seiner ‚Conjectura Cabbalistica' zögert Henry More nicht, Platon als ‚attischen Moses' ... darzustellen; ihm entspricht die Platonische Philosophie genau der Metaphysik der eingeweihten Rabbiner, die sich auf den Propheten der Hebräer beziehen."[150]

More gilt allgemein als einer der bedeutendsten Cambridger Platoniker, doch wird bei ihm erkennbar, daß er zur Sache des Platonismus weniger beigetragen hat als zu dessen mehr äußerlichen Beziehungen. Mores Kollege Ralph Cudworth ist philosophisch weit ernster zu nehmen.

V

Nun also Cudworth. Er gilt vielen mit Recht als der Kopf der Cambridger Schule, der in ihrem Sinne einen betont christlichen Platonismus entwickelt. In seinem Hauptwerk, „The True Intellektuel System of the Universe" aus dem Jahre 1678, liefert er eine atomistische Erklärung des Universums. Die Lehre von den Atomen, der Atomismus, stammt bekanntlich aus dem griechischen Altertum, in dem Leukipp, Demokrit und Epikur die kleinsten Bausteine der Materie als Atome bezeichneten. Im 17. Jahrhundert wurde diese Lehre von Gassendi und anderen Naturforschern wieder aufgenommen. Cudworth schloß sich ihnen an, unterschied aber zwei wesentlich verschiedene Formen des Atomismus: einerseits den atheistischen hylozoistischen Atomismus, andererseits den theistischen mosaischen (angeblich auf Moses zurückführbaren) Atomismus, der ein geistig formendes Wesen voraussetzt, so daß sich in dieser Gestalt des Atomismus Theologie und Naturphilosophie vereinen.

Indem Cudworth auf diese Weise die damals moderne Naturwissenschaft in seinen christlichen Platonismus aufnimmt, muß er sich einerseits verteidigen gegen eine blinde Rückkehr zum heidnischen Griechentum wie bei Plethon, andererseits gegen einseitig naturwissenschaftliche Ansätze, die wie bei Hobbes in die Nähe zum Atheismus führen könnten. In seinem Aufsatz „Die Cambridge-Platoniker und das neue Wissen" betont Graham A. J. Rogers gegen Cassirer, daß man in Cambridge keineswegs die neuaufgekommene Naturwissenschaft nicht berücksichtigt habe. Daher dürfe man dem 17. Jahrhundert in England nicht ohne weiteres und umfassend eine Säkularisation des Wissens zuschreiben. In Wirklichkeit sei das Ausmaß dieser Säkularisierung viel geringer gewesen. Es sei vielmehr gerade darum gegangen, die neue Naturwissenschaft mit der alten Theologie zu versöhnen. Die Platonische Philosophie wurde deshalb in Cambridge als Mittel verstanden, der Bedrohung der Religion durch den Mechanismus und Materialismus der neuen Zeit zu begegnen. „Laut Cudworth war das Problem, von dem er ausging, das der Widerlegung des Determinismus. Er erkannte aber bald, daß er zu diesem Zweck bei der Widerlegung des Atheismus ansetzen mußte, und zwar indem er demonstrierte, daß materialistische atomistische Theorien allein niemals zur Erklärung der Phänomene ausreichten."[151]

Hier nur noch einige wenige Bemerkungen zur Ethik bei Cudworth. Das Wichtigste ist hier die These, daß die sittlichen Ideen dem Menschen angeboren seien. Das bedeutet, daß der Mensch die Grundsätze seines moralischen Handelns nicht aus der Außenwelt entnehmen, nicht etwa durch äußere Erfahrung erwerben und daß er sie auch nicht durch den Verstand erschließen muß, sondern daß er sie immer schon in seiner Innerlichkeit vorfindlich hat. Es handelt sich also hier um eine apriorische Ethik. Ganz konsequent ist Cudworth allerdings in diesem Falle doch nicht, denn die „angeborenen Ideen" werden in gewisser Weise doch erworben, da der göttliche Geist sie dem Menschen verleiht.

VI

Schließlich, last but not least, Shaftesbury. Mit Recht und abweichend von der üblichen Ansicht hat der frühverstorbene Philosoph und Erziehungswissenschaftler Fritz-Peter Hager (Bern) den Earl of Shaftesbury zu den Platonikern der Schule von Cambridge gezählt. Anders als Cassirer versteht er außerdem Shaftesburys Platonismus nicht so sehr in einem Gegensatz stehend zur damaligen englischen Geistesgeschichte mit ihren Tendenzen zu Wissenschaft und Technik. Das wird besonders deutlich in Hagers Buch „Aufklärung, Platonismus und Bildung bei Shaftesbury".[152] Allerdings ist es nicht ganz leicht, zwischen Aufklärung und Platonismus Gemeinsamkeiten herauszustellen, denn die Aufklärung sucht Befreiung der Vernunft, der Platonismus dagegen Bindung der Vernunft, nämlich an die Platonischen Begriffe des Guten und des Einen. Hager gehört zu den Interpreten, die als höchstes Prinzip der Platonischen Philosophie das Gute als das Eine ansehen und sich dabei auf Aristoteles berufen.[153] Er befindet sich damit auf der Stufe der durch die Tübinger Schule erreichten Platondeutung.

Nun aber zu Shaftesbury. Seinem Lehrer Locke nachfolgend, gehört er einerseits in die Tradition der europäischen Aufklärungsphilosophie. Ganz im Sinne dieser Tradition betont Shaftesbury die durch die Vernunft begründete Unabhängigkeit der Tugend von der Religion und die Autonomie der Sittlichkeit gegenüber den religiösen Vorschriften. Im Unterschied zu Locke und Hobbes gilt der moralische und ebenso auch der ästhetische Sinn als dem Menschen angeboren und als von seinem Wesen unzertrennlich (was durchaus mit den Ansichten der anderen Cambridger wie Cudworth oder More übereinstimmt).

Andererseits verbindet sich das aufgeklärte neuzeitliche Denken bei Shaftesbury mit der Tradition der Platonischen und der Plotinischen Philosophie. Die Wiederaufnahme und Fortführung des Platonismus muß also verstanden werden vor dem Hintergrund des Denkens der Neuzeit. Dazu bemerkt Hager in seinem Buch: „Gerade darum ist Shaftesbury für uns in philosophischer und insbesondere in bildungsphilosophischer Hinsicht so interessant, weil er eines von verschiedenen bedeutenden Beispielen dafür ist, daß der Platonismus sich auch in einem ganz anderen gesellschaftlichen und zeitgeschichtlichen Kontext entwickeln konnte als der es war, in welchem er entstanden ist."[154]

Charakteristisch und geistesgeschichtlich besonders wirksam war innerhalb des Shaftesburyschen Platonismus der Begriff des Enthusiasmus. In seinem Brief über den Enthusiasmus („A Letter concerning Enthusiasm" aus dem Jahr 1708) unterscheidet Shaftesbury den falschen Enthusiasmus auf religiösem und künstlerischem Gebiet in der Fehlform von sektiererischem Fanatismus und verstiegener Schwärmerei von einem echten und inspirierten Enthusiasmus als dem wahren Gefühl göttlicher Gegenwart („a real feeling of divine presence")[155], wie es ja auch schon im Wort „Enthusiasmus" enthalten ist (vgl. éntheos: „gotterfüllt").

Diese Deutung des Enthusiasmus geht nun zuletzt unmittelbar auf Platon zurück. Man denke hier an die Rede der Diotima im Dialog „Symposion" und an die zweite Rede des Sokrates im „Phaidros" mit dem Lobpreis des Eros und mit dem göttlichen Wahnsinn als der edelsten Form der erotischen und philosophischen Begeisterung, die zutiefst zurückgeht auf Platons Mythos von der vorgeburtliche Schau der Ideen und der Sehnsucht der Seelen nach der Rückkehr in ihre eigentliche Heimat, was in unserer Zeit Josef Pieper in seinem Büchlein „Begeisterung und göttlicher Wahnsinn" wieder in Erinnerung zu bringen versucht hat.[156]

Shaftesbury hat in Deutschland auf Herder, Schiller und Goethe Einfluß gehabt. Damit leiten wir über zum nächsten Kapitel: Platonismus und Idealismus.

3. Platonismus und Idealismus

In diesem Kapitel betrachten wir die Platonische und insbesondere auch die neuplatonische Philosophie, wie sie von den Denkern des deutschen Idealismus übernommen und weiterentwickelt worden ist. Die von Werner Beierwaltes unter dem Titel „Platonismus und Idealismus" zusammengestellten Aufsätze gehen allerdings leider fast nur philosophiegeschichtlich vor.[157] Dasselbe gilt von dem vor kurzem erschienenen Sammelband, der nach seinem Titel „Platonismus im Idealismus"[158] dieselbe Thematik zu behandeln verspricht, der auch wir uns hier zugewandt haben. Wir müssen uns freilich in diesem Kapitel recht kurz fassen, obwohl wir den Begriff des Idealismus etwas weiter nehmen und uns außerdem besonders um den im strengen Sinne philosophischen Aspekt bemühen.

I

Wir beginnen mit Kant, obwohl dieser keineswegs zu den Platonikern gezählt werden kann. Mit dem Instinkt des Gegners hat er jedoch erkannt, worum es im Platonismus der Philosophen des deutschen Idealismus geht. Bezeichnend ist dafür Kants zuerst im Jahre 1796 veröffentlichte Schrift „Von einem neuerdings erhobenen vornehmen Ton in der Philosophie".[159]

Schon der Titel der Schrift ist polemisch gemeint. Er erklärt sich folgendermaßen: „Alle dünken sich vornehm, nach dem Maße als sie glauben, nicht arbeiten zu dürfen; und nach diesem Grundsatz ist es neuerdings so weit gekommen, daß sich eine vorgebliche Philosophie, bei der man nicht arbeiten, sondern nur das Orakel in sich selbst anhören und genießen darf, um die ganze Weisheit, auf die es mit der Philosophie angesehen ist, von Grunde aus in seinen Besitz zu bringen."[160] Das richtet sich ironisch vor allem gegen den Begriff der „intellektuellen Anschauung", wie er später bei Fichte und Schelling fundamental wird.

Dergleichen erscheint Kant als Pseudophilosophie, die er als früherer Logiker, Mathematiker und Naturwissenschaftler ablehnen muß. Die Kant vorschwebende Philosophie ist Arbeit, sogar „herkulische Arbeit". Denn es sei „das Gesetz der Vernunft, durch Arbeit sich einen Besitz zu erwerben; wobei aber auch Armut und Hoffart die belachenswerte Erscheinung geben, die Philosophie in einem vornehmen Ton sprechen zu hören."[161]

Als dann erstmals die Platonischen Briefe ins Deutsche übersetzt wurden, galt Platon bei Kant sogar als „der Vater aller Schwärmerei mit der Philosophie", da es nämlich im siebten Brief die Stelle 341CD gibt, nach welcher Platon das Eigentliche seiner Philosophie als in Worte nicht faßbar bezeichnet hatte, weil es sich erst nach langem Umgang mit der Sache entzünde „wie ein durch einen abspringenden Funken plötzlich entzündetes Licht in der Seele und sich dann durch sich selbst ernährt". Solche Aussagen liegen weit von dem entfernt, wozu das Verstandesdenken und ebenso das davon nur unwesentlich verschiedene Vernunftdenken Kants Zugang hat (denn auch die Vernunft ist bei Kant eine lediglich rationale Erkenntniskraft). Hier also stößt Kant an seine Grenzen, die er sich durch seine reine Verstandesphilosophie selbst gesetzt hat.

II

Gehen wir nun zu den Denkern über, die Idealismus und Platonismus miteinander verbinden. Wir beginnen mit Johann Gottlieb Fichte (1762–1814). Sein früher „Versuch einer Kritik aller Offenbarung" (1792) wurde zunächst als ein Werk Kants aufgenommen und entsprechend eingeschätzt. Als sich danach herausstellte, daß Fichte der Verfasser war, wurde er sofort allgemein bekannt und sogar berühmt.

In der Folgezeit hat er sich als ein eigenständiger, kühner und nicht immer leicht verständlicher Denker erwiesen. Immerhin kann man seinen Begriff der intellektuellen Anschauung mit der erstmals von Louis Lavelle zur Sprache gebrachten Lehre von der Erfahrung des Seins in Verbindung bringen.[162] Auf weitere Eigenheiten der Fichteschen Philosophie, zu der sich eine gewaltige Menge zustimmender, ablehnender und erläuternder Sekundärliteratur angesammelt hat, müssen wir hier verzichten und nur Fichtes Verhältnis zum Platonismus ins Auge zu fassen versuchen.

Das ist nun allerdings gar nicht einfach, denn Fichte hat sich offenbar nicht besonders gründlich mit der Platonischen Philosophie und seiner Geschichte beschäftigt. Möglicherweise hat er nur noch den Dialog über den Staat und darin immerhin das zum Verständnis der Platonischen Philosophie grundlegende Höhlengleichnis gekannt. Sein sonstiges Wissen über Platon und den Platonismus scheint er aus Handbüchern und anderen allgemeineren Darstellungen übernommen zu haben.

Dennoch gibt es einige wenige Untersuchungen, welche bei Fichte die Beziehung zwischen Idealismus und Platonismus durchsichtiger zu machen in der Lage sind. Dies scheint mir in besonderem Maße der Fall zu sein in dem Festschriftsbeitrag von Wolfgang Janke über Fichte: „‚Der Platon tritt in jeder Stunde unverkennbar bei ihm hervor.' Von der Erfahrung des Seins in Fichtes Vollendung des Platonischen Idealismus."¹⁶³ Janke betont, daß Fichte trotz fehlender Platon-Philologie dennoch tief von Platon beeinflußt gewesen sei, daß er die Seinserfahrung Platons überboten habe und in der Heiligkeit seiner Philosophie mit Christus verglichen werden könne.

III

Auf Fichte folgte in der Weiterbildung des deutschen Idealismus Friedrich Wilhelm Schelling (1775–1854). Er war Zimmergenosse von Hegel und Hölderlin im Tübinger Stift und der jüngste der drei damaligen Freunde. In seiner Philosophie zeigte sich Schelling eine Zeitlang so eng mit der Ichlehre Fichtes verbunden, daß viele Zeitgenossen sogar eine Identität ihrer Lehren angenommen haben. Das trifft besonders auch für die Übereinstimmung im Ansatz einer „intellektuellen Anschauung" zu. Bald aber gingen beide Denker ihre eigenen Wege. Davon ist hier aber nicht weiter zu sprechen, sondern allein über die Beziehung zum Platonismus bei Fichte und den Tübinger Stiftlern; zunächst also einiges über Schelling.

Anders als Fichte, in dessen Schriften man nur wenige knappe Anspielungen auf Platon finden kann, gibt es bei Schelling zahlreiche Beispiele von fester Zustimmung und intensiver Beschäftigung mit Platon und ebenso mit Plotin. Ein sehr schönes Beispiel dafür findet sich in der Schrift „Bruno oder über das göttliche und natürliche Princip der Dinge" (1802). Die Schrift ist in Dialogform verfaßt, wie man damals nicht selten und in der Nachfolge der Platonischen Dialoge seine Gedanken zum Ausdruck zu bringen versuchte. Schelling läßt Fichte in Gestalt des Mitunterredners Lucian den Blick auf die Thematik von Reellem und Ideellem oder Endlichem und Unendlichem lenken. Darauf antwortet nun Schelling als Bruno: „Mit Recht sagst du, daß jener Gegenstand der Betrachtung überhaupt vorzüglich würdig, ja du würdest viel richtiger sagen, daß er der einzige der philosophischen Betrachtung würdige ist, und auch allein sie beschäftigt; denn ist es nicht offenbar, daß die Neigung, das Unendliche in dem Endlichen und hinwiederum dieses in jenem zu setzen, in allen philosophischen Reden und Untersuchungen herrschend ist? Diese Form zu denken ist ewig, wie das Wesen dessen, was sich in ihr ausdrückt, und hat weder jetzt angefangen, noch wird sie jemals aufhören, sie ist, wie Sokrates bei Plato sagt, die unsterbliche, nie alternde Eigenschaft jeder Untersuchung" (WW IV 242). Schelling bezieht sich hier vermutlich auf eine Stelle des Dialogs „Philebos" (etwa 16C–E).

Ferner heißt es 1804 in der Schrift über „Philosophie und Religion" zu dem in einigen außerchristlichen Religionen vertretenen Satz, das Absolute sei das einzig Reale, die endlichen Dinge aber seien nicht real, und ihr Grund liege nur in einem Abfallen vom Absoluten: „Diese ebenso klare und einfache als erhabene Lehre ist auch die wahrhaft platonische, wie sie in denjenigen Werken angedeutet ist, die am reinsten und unverkennbarsten das Gepräge seines Geistes tragen. Nur durch den Abfall vom Urbild läßt Plato die Seele von ihrer ersten Seligkeit herabsinken und in das zeitliche Universum geboren werden, durch das sie von dem wahren losgerissen ist." Nach dieser Berufung auf den „Phaidros" geht Schelling nach einem Hinweis auf die Mysterientheologie zum Schluß noch zum „Phaidon" über: „Es war ein Gegenstand der geheimeren Lehre in den griechischen Mysterien, auf welche Plato deßhalb nicht undeutlich hinweist, den Ursprung der Sinnenwelt nicht, wie in der Volksreligion, durch Schöpfung, als ein positives Hervorgehen aus der Absolutheit, sondern als einen Abfall von ihr vorzustellen. Hierauf gründete sich ihre praktische Lehre, welche darin bestand, daß die Seele, das gefallene Göttliche im Menschen, so viel möglich von der Beziehung und Gemeinschaft des Leibes abgezogen und gereiniget werden müsse, um so, indem sie dem Sinnenleben absterbe, das absolute wieder zu gewinnen und der Anschauung des Urbildes wieder theilhaftig zu werden. Die nämliche Lehre findet ihr im Phädo auf allen Blättern verzeichnet" (WW VI 38 f.).

Neben Platon wird später auch Plotin (und damit der Neuplatonismus) für Schelling wichtig. Darüber hat Werner Beierwaltes ausführlich berichtet.[164]

IV

Richten wir jetzt unseren Blick auf die Hegelsche Philosophie und ihr Verhältnis zu Platon und zum Platonismus. Hierbei stoßen wir auf ein ganz anderes Denken als das fast rein sachbezogene Denken Fichtes und Schellings. Georg Wilhelm Friedrich Hegel (1770–1831) ist nämlich nicht in dem Sinne als Platoniker zu verstehen, in welchem wir Fichte und Schelling mit der langen Geschichte der Platonischen Philosophie in Verbindung gebracht haben. Im Gegenteil: Hegel hält für seine Zeit den Begriff eines Platonikers sogar für grundsätzlich verfehlt, da man in der gegenwärtigen Zeit die Philosophie einer früheren Stufe der geistigen Entwicklung nicht wiedererwecken könne: „Es kann deswegen heutigen Tages keine Platoniker, Aristoteliker, Stoiker, Epikuräer mehr geben. Sie wiedererwecken hieße, den gebildeteren, tiefer in sich gegangenen Geist auf eine frühere Stufe zurückbringen wollen."[165] Hegels strenge Werdephilosophie läßt jede frühere Entwicklungsstufe als überholt und erledigt erscheinen.

Dennoch beginnen Hegels Vorlesungen über die Geschichte der Philosophie sogar bei den Indern und Chinesen sowie im Bereich der griechischen Philosophie bei den Vorplatonikern, u. a. auch bei Parmenides und Heraklit. Wir halten uns hier allein an das zu Platon und zu Plotin Gesagte. Obwohl Hegel kein Platoniker sein will, nimmt Platon in Hegels Vorlesungen breiten Raum ein, in der Glocknerschen Ausgabe schon den Umfang eines kleinen Buches (WW XVIII 169–297). Nach allgemeinen Ausführungen über Platons Leben und Werke, insbesondere über die Form des Dialogs, geht es bei Hegel dann zum Inhalt und damit zur Sache.

In seiner Darstellung der Platonischen Philosophie beginnt Hegel mit der „Vorstellung, die Plato vom Werthe der Philosophie überhaupt hatte. Überhaupt sehen wir Plato ganz durchdrungen von der Höhe der Erkenntniß der Philosophie. Er zeigt Enthusiasmus für den Gedanken, das Denken dessen, was an und für sich ist. ... Philosophie ist ihm das Wesen für den Menschen" (XVIII 100 f.). Hegel geht dann auf einzelne Platonische Dialoge ein, von denen wir immerhin einige wenige besonders hervorheben müssen. Bemerkenswert ist, daß sofort mit dem großen, berühmten und berüchtigten Werk über den Staat begonnen wird und zwar auch mit der kühnen These, daß entweder die Philosophen die Herrschaft in den Staaten haben sollten oder die Könige Philosophen werden müßten (vgl. XVIII 192). Dann aber erörtert Hegel als Bild für den Unterschied zwischen philosophischer Bildung und Unbildung das berühmte „Höhlengleichnis" der „Politeia", der soeben erwähnten Staatsschrift (XVIII 196 f.). Dieses Gleichnis handelt nach Hegel „von der Natur des Erkennens, den Ideen überhaupt" (wobei er leider nicht von dem Unterschied der vielen Ideen und der einen höchsten Idee, der Idee der Ideen, d. h. dem Guten oder Einen spricht). Es folgt der schöne Satz über die Philosophen, sie seien diejenigen, „welche die Wahrheit zu schauen begierig sind" (Staat 475E). Hegel übergeht hier, im Sinne seines Systems verständlich, philosophisch jedoch bedauerlich, den Gedanken der „Schau der Wahrheit". Stattdessen befaßt er sich danach mit den Ideen bei Platon. Dazu heißt es: „Durch die Darstellung seiner Ideen hat Plato die Idealwelt eröffnet. Sie ist nicht jenseits der Wirklichkeit, im Himmel, an einem anderen Orte, sondern sie ist wirkliche Welt ... Aber nur das ist das Seyende in der Welt, was das an und für sich Allgemeine ist. Das Wesen der Ideen ist die Ansicht, daß nicht das sinnlich Existierende das Wahre ist, sondern allein das in sich bestimmte Allgemeine, – die Intellektual-Welt das

Wahre, Wissenswerthe, überhaupt das Ewige, an und für sich Göttliche ist" (XVIII 199). Dies zu Platon.

Nun noch einige wenige Sätze über Plotin und Proklos. Zu Plotin bemerkt Werner Beierwaltes, der überragende Kenner der neuplatonischen Philosophie, in seiner Aufsatzsammlung über Platonismus und Idealismus: „Hegel hat, gegen die zähe Widerständigkeit der aufklärerischen und kritizistischen Interpretationsgeschichte, den logisch-spekulativen Sinn der neuplatonischen Philosophie wiedererkannt und ihn von seinem eigenen Denken her begründet."[166] So verteidigt Hegel am Schluß seiner Vorlesungen über die griechische Philosophie Plotin gegen den zu Unrecht erhobenen Vorwurf der Schwärmerei, mit dem man damals allgemein schnell bei der Hand war: „Plotin spricht allerdings von der Erhebung des Geistes in das Denken mit Begeisterung; oder vielmehr dieß ist die eigentliche und platonische Begeisterung, sich zu erheben in die Sphäre der Bewegung des Gedankens" (XIX 44). Es leuchtet in der Tat ein, daß dies nicht als Schwärmerei bezeichnet werden darf. Hegel führt weiter aus: „Plotin spricht allerdings davon, daß das wahrhaft Seyende nur gewußt werde durch die Ekstase; diese Verzückung muß man sich aber nicht als Zustand der Schwärmerei vorstellen. Sondern er nennt dieß eine Vereinfachung der Seele, wodurch sie in selige Ruhe versetzt wird, weil ihr Gegenstand einfach und ruhig ist" (a. a. O.). Diese Ruhe ist die der „unio mystica", der mystischen Gotteserkenntnis.

Zu Proklos nur noch ganz wenig. Was Hegels Verhältnis zu Proklos angeht, so haben moderne Philosophiehistoriker nicht selten auf eine Geistesverwandtschaft zwische Hegel und Proklos hingewiesen. In seinem Aufsatz „Hegel und Proklos" ist wiederum Beierwaltes der Frage nach der Legitimität und der philosophischen Reichweite der Behauptung solcher Geistesverwandtschaft nachgegangen, wobei er sich auf das Prokloskapitel der Hegelschen Vorlesungen zur Geschichte der griechischen Philosophie beruft. Beierwaltes konstatiert immerhin eine Nähe zwischen Proklos und Hegel, nimmt aber keinen Einfluß der Proklischen Philosophie auf die Hegelsche Philosophie an.[167]

V

Friedrich Hölderlin (1770–1843), der dritte der drei Stubengenossen im Tübinger Stift, hat einen ganz anderen Weg zu Platon genommen als Hegel und Schelling in ihrer Universitätslaufbahn. Auch Hölderlin philosophiert, jedoch als Dichter. Trotz seiner theologischen und philosophischen Ausbildung im Stift trennt er sich schon früh vom Christentum und ebenso von der idealistischen Philosophie und damit insbesondere von Fichte.

Von daher versteht man auch die Kritik an der Lehre von der „intellektuellen Anschauung", wie sie von Fichte und Schelling entwickelt worden ist. Hölderlin übernimmt zunächst diese für den Platonismus des ausgehenden 18. Jahrhunderts charakteristische Lehre, wendet sich aber wenig später wieder von ihr ab wegen ihrer bloß „subjektiven Art des Begründens".[168]

An die Stelle des subjektiven Idealismus tritt jetzt bei Hölderlin die Liebe und Verehrung des antiken Griechentums. Vorbereitet war diese Griechenlandbegeisterung durch Winckelmann, Goethe, Schiller und Herder.[169] Bei Hölderlin findet sie lebendigen Ausdruck in dem zweibändigen Briefroman „Hyperion oder der Eremit in Griechenland", entstanden 1797–1799. Der Roman enthält vielerlei Anspielungen auf Platonisches, besonders natürlich in der Person der Diotima. Wichtiger für uns ist allerdings, daß dem Roman das philosophische Leitmotiv einer Wiedergewinnung der Erfahrung von der Einheit des Seins zugrunde liegt: „Eines zu sein mit allem, das ist Leben der Gottheit, das ist der Himmel des Menschen. – Eines zu sein mit allem, was lebt, in seliger Selbstvergessenheit wiederzukehren ins All der Natur, das ist der Gipfel der Gedanken und Freuden, das ist die heilige Bergeshöhe, der Ort der ewigen Ruhe, wo der Mittag seine Schwüle und der Donner seine Stimme verliert und das kochende Meer der Woge des Kornfelds gleicht" (III 8 f.). Beschrieben wird hier die Erfahrung der Seinseinheit als letzte und höchste Erfahrung, über die keine andere Erfahrung hinausgehen kann. Daß diese Erfahrung verloren ist, führt Hölderlin auf das Verstandesdenken zurück. Dennoch hat dieser Verlust einen Sinn: „Die selige Einheit, das Sein, im einzigen Sinne des Wortes, ist für uns verloren, und wir mußten es verlieren, wenn wir es erstreben, erringen sollten … Jenen ewigen Widerstreit zwischen unserem Selbst und der Welt zu endigen, den Frieden alles Friedens, der höher ist denn alle Vernunft, den wiederzubringen, uns mit der Natur zu vereinigen zu einem unendlichen Ganzen, das ist das Ziel all unseres Strebens, wir mögen uns darüber verstehen oder nicht" (III 236). Die Erkenntnis des menschlichen Geistes hat demnach bei Hölderlin, der in diesem Punkt mit der philosophischen Tradition des abendländischen Platonismus übereinstimmt, Zugang zur Erfahrung der Einheit des Seins schlechthin und zum Ziel des philosophischen Denkens, das damit die Getrenntheit von Ich und Welt überwindet. Und im Blick auf die Überwindung dieser Trennung von Subjekt und Objekt im Verstand ist Hölderlins stolzer Satz zu verstehen: „Ich glaube, wir werden am Ende alle sagen: heiliger Plato, vergib! man hat schwer an dir gesündigt" (III 250).[170]

VI

Friedrich Heinrich Jacobi (1743–1819) gehört zweifellos in die Geschichte des abendländischen Platonismus, hat sich auch selbst als Platoniker bezeichnet.[171] Dennoch gehört er zugleich auch in die Geschichte des deutschen Idealismus, wenngleich nur als deren Kritiker. Mit dem Fichteschen Idealismus setzt er sich auseinander in seinem „Sendschreiben an Fichte" (1799), mit Schelling in der Abhandlung „Von göttlichen Dingen" (1811). In seiner eigenen Philosophie (und ebenso in seinen Romanen) erweist er sich als früher Anhänger einer Lebensphilosophie.[172]

Die wesentlich auf die Sturm-und-Drang-Periode der deutschen Literatur zurückgehende Lebensphilosophie hatte jedoch ebenso einen Bezug zum Platonismus, und zwar vor allem in Bezug auf den Begriff der Innerlichkeit oder der Innenwendung. Dorthin gehören einige Sätze, in denen Jacobi seinen lebensphilosophischen Philosophiebegriff erläutert: „Philosophie ist ein inwendiges Leben. – Ein philosophisches Leben ist ein gesammeltes Leben. Durch wahre Philosophie wird die Seele still, zuletzt andächtig."[173] Was Philosophie ist, wissen wir durch Platon, nämlich durch seine Philosophie der Philosophie, von der weiter oben im 3. Kapitel unseres Buches die Rede war. Jacobi versteht also die Philosophie als eine Form und Weise des Lebens, aber als ein der Innenwelt des Seelischen zugewandtes Leben, dem man sich, der Zerstreutheit in die Außenwelt entsagend, öffnen muß. Beim Begriff der „wahren Philosophie" denkt Jacobi dann wohl an eine berühmte Stelle aus Platons Erläuterungen zu seinem Höhlengleichnis, in welcher der Aufstieg zur höchsten Erkenntnis beschrieben wird, und zwar als „eine Umlenkung der Seele, welche aus einem gleichsam nächtlichen Tage zu dem wahren Tage des Seienden jene Auffahrt antritt, welche wir eben die wahre Philosophie nennen wollen" (Pol. 521C).

Jacobi erwähnt die entsprechende Stelle aus der „Politeia" nicht, da er die Platonischen Texte völlig in sein eigenes Denken aufgenommen und mit ihm vereint hat. An einer anderen Stelle benutzt er offensichtlich wieder das Höhlengleichnis und betont: „Philosophieren ist ein Bemühen, aufwärts zu fahren den Strom des Daseins und der Erkenntnis bis zu seiner Quelle" (WW VI 173). Ganz platonisch ist hier auch der Gedanke, daß der Gang der philosophischen Erkenntnis nicht grundsätzlich ins Endlose und Uferlose weitergeht, sondern zumindest für den Erkennenden die Möglichkeit besteht, zu diesem Ziel zu gelangen.[174] Jacobi darf sich wirklich mit gutem Recht einen Platoniker nennen.

VII

Bei Arthur Schopenhauer (1788–1860) kündigt sich bereits die Lebensphilosophie an, von der in den folgenden Kapiteln die Rede sein wird. Dazu paßt Schopenhauers ungewöhnlich heftige Kritik an der Universitätsphilosophie im allgemeinen und insbesondere an der idealistischen Philosophie Fichtes, Schellings und Hegels. Andererseits gehört Schopenhauer bei seiner Nähe zur Philosophie Kants sowie bei seiner Verehrung für die Platonische Philosophie wenigstens anhangsweise in ein Kapitel, das vom Platonismus im deutschen Idealismus handelt. So wünscht sich Schopenhauer schon in der ersten Vorrede zu seinem Hauptwerk „Die Welt als Wille und Vorstellung" von dem zukünftigen Leser, daß er gründliche Kenntnis der Philosophie Kants besitze, möglichst auch „in der Schule des göttlichen Plato geweilt" und sich vielleicht sogar Zugang zu den Upanischaden verschafft habe (WW 3, XII).

Als begeisterter Platonanhänger läßt Schopenhauer deshalb beim Vergleich der beiden großen Athener Aristoteles trotz grundsätzlicher Anerkennung der Breite seiner denkerischen Leistung letztlich doch schlecht wegkommen. Denn in den „Parerga und Paralipomena" gibt es die folgende Skizze über seine geistige Struktur: „Als Grundcharakter des Aristoteles ließe sich angeben der allergrößte Scharfsinn, verbunden mit Umsicht, Beobachtungsgabe, Vielseitigkeit und Mangel an Tiefsinn. Seine Weltansicht ist flach, wenn auch scharfsinnig durchgearbeitet.… Daher ist heut zu Tage das Studium des Aristoteles nicht sehr lohnend, während das des Plato es im höchsten Grade bleibt" (WW 5, 51).

Bei diesem selbst hält sich Schopenhauer vor allem an die Lehre von den Ideen. Sie spielt eine besondere Rolle in Schopenhauers Ästhetik, die er im dritten Buch seines Hauptwerks vorträgt: „die Platonische Idee: das Objekt der Kunst." Leider ist Schopenhauer in seiner Platondeutung nicht zu der Erkenntnis vorgedrungen, daß die Ideenlehre für Platon nicht das Eigentliche und Letzte seiner Philosophie ist, da der Begriff der höchsten Idee, der Idee des Guten, das Eine meint. Hier wirkt sich hemmend aus, daß Schopenhauer die Neuplatoniker nicht ernstgenommen hat, nicht einmal Plotin, von dessen „All-Eins-Lehre" er weiß, die er aber als indisch (und damit als von außen beeinflußt) ablehnt (WW 5, 62 f.). Schopenhauer weicht damit also auch vor dem Gedanken zurück, die sonst von ihm so hochverehrte Philosophie der Upanischaden mit der Platonischen Philosophie in einen Zusammenhang zu bringen.

4. Platonisches in der Lebensphilosophie Louis Lavelles

Im Jahre 1913 veröffentlichte Max Scheler einen Aufsatz mit dem Titel „Versuche einer Philosophie des Lebens. Nietzsche – Dilthey – Bergson".[175] Durch diesen Aufsatz wurde die Aufmerksamkeit auf eine noch junge philosophische Tendenz gerichtet, die „Lebensphilosophie", wobei in Frankreich und in Deutschland sich das Interesse recht bald gerade auf Bergson richtete, dem sogar (was bei Philosophen nicht häufig vorkommt) 1928 der Nobelpreis für Literatur zugesprochen wurde. Bergsons Vorlesungen am Collège de France waren geradezu ein gesellschaftliches Ereignis, denn nicht nur Studenten wollten ihn hören, sondern auch politische Schriftsteller wie Charles Péguy und Georges Sorel sowie Künstler wie der Maler Georges Rouault und die Lyrikerin Anne de Noailles. Besonders groß war natürlich das Interesse bei Philosophen. Unter ihnen war neben Jacques Maritain der uns hier interessierende Louis Lavelle. Bei diesem zeigt sich bald eine Nähe nicht nur zur Lebensphilosophie, sondern gerade auch zum Platonismus, der bis dahin in Frankreich kaum noch eine Rolle spielte. Mit Lavelles Verhältnis zur Platonischen Philosophie werden wir uns in diesem Kapitel etwas näher beschäftigen.

I

Louis Lavelle ist 1883 geboren (also im selben Jahr wie Karl Jaspers) in Saint-Martin-de-Villeréal, einem Dorf im Périgord, im Südwesten Frankreichs. Gestorben ist er während der Sommerferien des Jahres 1951 in dem nicht weit von seinem Geburtsort gelegenen Dorf Parranquet. Vor seiner Universitätslaufbahn war er, ebenso wie Bergson und später Sartre, zuerst Gymnasiallehrer. Im Jahre 1941 erhielt er einen Ruf an das Collège de France in Paris. Fast gleichzeitig mit Heideggers berühmtem Werk über „Sein und Zeit" brachte er 1928 sein Buch „De l'Etre" heraus. Über sein Werk im ganzen hat Jean Ecole neben zahlreichen Aufsätzen eine umfangreiche Darstellung geliefert.[176]

Schon früh hat man Lavelle mit Platon in einen Zusammenhang gebracht. So nennt der französische Neuscholastiker Sertillanges ihn „den Platon unserer Zeit".[177] In der Tat übernimmt er nicht einfach die Gedanken Platons, sondern sucht sie im Sinne der neuzeitlichen Philosophie weiterzubilden. Lavelle ist ein sehr selbständiger und eigenständiger Denker. Ein Philosophiehistoriker ist er nicht, und keinesfalls etwa ein Platonforscher. Dennoch müssen wir ihn als Platoniker verstehen. Lavelle hat die Philosophie Platons als die „wohl bedeutendste aller philosophischen Lehren" bezeichnet, welche „seit mehr als zwanzig Jahrhunderten nicht aufgehört hat, die metaphysische und religiöse Spekulation zu treiben und zu nähren".[178] In der Besprechung eines Buches von Joseph Moreau stimmt Lavelle dem Verfasser zu, da dieser Platon als „Begründer der Philosophie" dargestellt hatte, und betont die Aktualität Platons in Verbindung mit einer Aussage zum Wesen der Philosophie mit der These, daß man nicht philosophieren könne, wenn man es nicht im Geiste Platons tue: „nul ne philosophe s'il ne platonise."[179]

II

Das also vorbereitend und lediglich allgemein zum Verhältnis Lavelles zur Platonischen Philosophie. Wir müssen jetzt jedoch konkreter werden, indem wir auf einzelne Begriffe eingehen, in denen sich der Lavellesche Platonismus auswirkt.

Ein solcher Begriff ist der der Partizipation oder der Teilhabe. Mit dem Begriff der Teilhabe (méthexis) oder Partizipation sucht Platon das Verhältnis der Ideen als Urbilder zu den Abbildern, den Sinnendingen zu fassen. Lavelle übernimmt von Platon zwar den Begriff der Partizipation, benutzt ihn aber anders. Grundsätzlich ist er aber von zentraler Bedeutung in der Lavelleschen Philosophie, so daß man diese nicht selten als eine Partizipationsphilosophie gedeutet hat, als „philosophie de la participation".[180] Es gibt allerdings, wie soeben schon angedeutet, zwischen dem Platonischen und dem Lavelleschen Begriff der Teilhabe auch erhebliche Unterschiede. Die Philosophie Lavelles will nämlich Platon, Descartes und das Christentum miteinander verbinden. Daher ist Lavelle durch das „Cogito, ergo sum" des Descartes und den christlichen Gottesbegriff weit vom Platonismus der Antike entfernt. Dennoch gibt es bei aller historischen Verschiedenheit Gemeinsamkeiten zwischen dem Platonischen Begriff der Methexis und dem Partizipationsbegriff Lavelles, da jeweils das einzelne Seiende am allgemeinen Sein teilhat, das einzelne Gute am Guten schlechthin, das einzelne Schöne am Schönen schlechthin.

III

Eine weitere Übereinstimmung zwischen der Philosophie Platons und der von Lavelle findet sich im Begriff der höchsten Idee, dem Begriff des Guten oder des Guten selbst. Lavelle deutet in seiner Wertphilosophie den Platonischen Begriff des Guten als Identität von Sein und Wert und stellt sich dabei an die Seite Platons: „Die Identität des Wertes und des Seins ist mit großer Kraft von Platon aufgewiesen worden, obwohl er in einem berühmten und vielzitierten, aber auch viel mißbrauchten Text, das Gute noch über das Sein stellt, denn das Sein, um das es sich dort handelt, muß allein von der Realität und der Existenz verstanden werden."[181] Lavelle behandelt und unterscheidet nämlich in seiner „Einführung in die Ontologie" drei Begriffe: das Sein, die Existenz und die Realität.[182] Die Realität ist die Vielheit der Dinge, die Existenz das im Bewußtsein erfahrene Dasein. Das Sein aber steht über Realität und Existenz, verleiht Sinn Gehalt, Bestand. Wenn allerdings Platon behauptet, das Gute stehe noch über dem Sein, so ist nicht der gerade angedeutete Seinsbegriff gemeint, sondern das konkrete Sein des jeweils einzelnen Seienden, die Realität, nicht das überreale Sein. Das überreale Sein ist mit dem Guten als dem höchsten Wert identisch.

Wenn Lavelle mit Platon Sein und Wert gleichsetzt, Ontologie mit Axiologie identifiziert, so trennt er sich damit von der gleichzeitig in Deutschland seit dem Beginn des 20. Jahrhunderts herrschenden Wertphilosophie, deren Anhänger zwischen den Begriffen Sein und Wert einen grundsätzlichen Unterschied machten.

IV

Nun aber ein noch weit wichtigeres Thema. Es geht dabei um das Wesen der philosophischen Erkenntnis.

Wir halten uns in diesem Falle an die Sokratesrede in Platons „Symposion". In dieser Rede gibt es eine Passage, in der vom Aufstieg des Erkennens zu einer letzten und höchsten Stufe die Rede ist. Der Verlauf dieses Erkenntnisaufstiegs geschieht dort in drei Schritten und über drei Stufen. Die erste Stufe ist die der auf das Weitere vorbereitenden inneren Reinigung des Erkennens (gr. Katharsis), sodann die Stufe der allmählichen Erhellung des Erkenntnisweges (gr. Photismos), schließlich die Stufe der Vollendung (gr. Teleiosis) oder, da auf dieser äußersten Stufe des Aufstiegs der Erkenntnis das Eine (gr. hen) erblickt und erfahren wird, die Stufe der Einigung des Erkennenden mit dem Erkannten, die Stufe der vereinigenden Erkenntnis (gr. Henosis). In der Schilderung des Dialogs erscheinen diese drei Stufen erstens als Widerlegung der vorausgegangenen Rede des Agathon, zweitens als mythologische Erklärung des philosophischen Erkennens (Eros ist als Bild des Philosophen Sohn des Poros und der Penia), drittens als die den Aufstieg beschließende und vollendende Schau oder Kontemplation. Lavelle hat in einer Besprechung des Buches von A. J. Festugière „Contemplation et vie contemplative selon Platon" den Weg zur schauenden Erkenntnis so beschrieben, daß man die drei soeben beschriebenen Stufen recht gut erkennen kann.

Zur ersten Stufe, der Stufe der inneren Läuterung (purification intérieur) schreibt Lavelle: „Es gibt ein kontemplatives Leben, das eine ständige Anlage der Seele voraussetzt, auf das wir uns durch innere Läuterung vorbereiten müssen."[183] Unter der ständigen Anlage (disposition permanente) ist gemeint, daß der Mensch die schauende philosophische Erkenntnis wesenhaft immer schon besitzt, so daß sie nur noch freigelegt werden muß, wenn das Denken sich auf den Weg zur philosophischen Letzterkenntnis macht.

Die zweite Stufe, auf welcher der Weg schon erhellt ist und Licht auf ihm erscheint, die Stufe des Photismos, setzt dann diesen Weg weiter fort. Es ist die Stufe der begrifflichen Erörterung, die Stufe der Dialektik in Gestalt einer „Reise durch die Welt der Ideen", wie es bei Lavelle heißt: „La dialectique devient alors un voyage à travers le monde des idées."[184]

Die dritte Stufe schließlich führt dann zum Ziel des Erkenntnisaufstiegs. In ihr ist ein Zustand erreicht, den Lavelle folgendermaßen beschreibt: „Aber die Dialektik genügt nicht sich selbst: sie muß endigen in der Ruhe des kontemplativen Aktes, der uns jenseits aller Ideen den gemeinsamen Herd entdeckt, von dem sie alle abhängen und den Platon das Eine oder das Gute nennt, das aber ebenso das absolute Sein ist."[185] (Lavelle ist zwar ein ausgesprochen christlicher Denker, doch vermeidet er im allgemeinen das Wort „Gott", das hier mit „absolutes Sein" zum Ausdruck gebracht ist.)

Außerdem fällt bei den soeben angeführten Sätzen auf, daß das Gute ohne nähere Begründung mit dem Einen identifiziert wird. Daß diese Gleichsetzung berechtigt ist, kennen wir heute wieder fast nur aus den Berichten über Platons ungeschriebene Lehre, auf die seit dem Ende der fünfziger Jahre die Tübinger Schule der Platonforschung mit ihren Hauptvertretern Krämer, Gaiser und Szlezák wieder aufmerksam gemacht hat.[186] Ferner ist schon vorher bei Lavelle das Eine hoch über alle andere Ideen erhoben (wie es ja auch in der „Metaphysik" des Aristoteles Buch I 6, 988a 11, berichtet wird: „die Ideen sind nämlich für die übrigen Dinge Ursache des Wasseins, für die Ideen aber ist dies das Eine"). Also gibt es bei Platon die Dreiteilung der Wirklichkeit: erstens die Dinge, dann die Ideen, drittens das Eine. Es wird also bei Platon ein erheblicher Unterschied gemacht zwischen den Ideen und dem Einen. Man verfehlt daher das Eigentliche bei Platon, wenn man die Ideenlehre in den Mittelpunkt seiner Philosophie stellt. Mit Recht hat Hans J. Krämer sogar schon in seiner Doktorarbeit festgehalten: „Die Idee gehört nicht primär zum Bestand der platonischen Ontologie, sondern tritt erst nachträglich zwischen den Seinsgrund, das Eins, und das einzelne, individuell Seiende ein. Sie ist, genetisch betrachtet, … gegenüber beiden sekundär, ihrem ontologischen Rang nach aber von jeher der Eins untergeordnet."[187]

Wenn es nun um die Erkenntnis des Einen geht, so genügt das rationale, das dialektische Denken nicht mehr. Es muß überschritten werden hin in ein kontemplatives, ein schauendes und in der Schau ruhendes Denken. So gewinnt das Fortschreiten der Dialektik an ihrem Ziel Ruhe, „repos", des kontemplativen Aktes. Das entspricht dem, was Platon in seinen Erläuterungen zum Höhlengleichnis der „Politeia" (532DE) ausgesprochen hatte: daß nämlich am Ende des Weges aus der Dunkelheit der Höhle beim Anblick der Sonne das Ziel der Reise, das „telos tes poreias", erreicht sei und damit ein Ausruhen (anápaula) vom Wege stattfinde. Zu der letzten und nicht weiter zu überschreitenden Erkenntnis des Einen fügt Lavelle noch im Blick auf die Verstandeserkenntnis hinzu: „Dieses Eine oder dieses Gute, das der Ursprung alles Seienden ist, ist selber kein Seiendes. Die Kontemplation übersteigt hier die Erkenntnis: sie hebt die Zweiteilung auf, die von ihr (der Verstandeserkenntnis, K. A.) untrennbar ist. Sie verwirklicht diese vollkommene innere Sammlung, diese vollkommene Einheit unserer Seele, die allein die Gegenwart des Einen uns schenken kann."[188] Lavelles Begriff der Kontemplation enthält offenbar eine Aufhebung der Trennung von Subjekt und Objekt, so daß der Schauende mit dem Geschauten eins geworden ist. Eine solche Verschmelzung des Erkennenden mit dem Erkannten läßt sich besonders leicht beim Anblick des Schönen verständlich machen. Lavelle greift deshalb zu einem eindrucksvollen Bild: „Das Wesen der Kontemplation besteht darin, mit Hilfe der Schönheit die Hochzeit der Seele mit dem Einen zu verwirklichen."[189]

In solchen Wendungen deutet sich auch eine Nähe zu philosophischer Einheitsmystik an.[190] Die Nähe zur Mystik erinnert zugleich an die Herkunft der Lavelleschen Philosophie aus der Lebensphilosophie, denn die mystische Erkenntnis verbindet sich mit einer Lebensweise. Mystik will gelebt werden.

V

Mit dem Thema der Mystik nähern wir uns zugleich dem Gebiet der Religion, insofern diese einen Bezug zur Philosophie hat.

Dieser Bezug ist bei Platon und erst recht im Neuplatonismus unverkennbar. Für Platon gilt aber schon das, was Werner Jaeger über die Philosophie der vorplatonischen und für Platon maßgeblichen Denker sagt: „Die Philosophie ist der Tod der alten Götter, aber sie ist selbst Religion."[191] Um dies schon vorweg andeutungsweise zu verstehen, halten wir uns an die zwar etymologisch falsche, aber sachlich durchaus angemessene Interpretation von Laktanz, nach welchem das Wort „Religion" sich von dem Verb „religare" (zu deutsch: wieder anbinden) ableitet, so daß unter „Religion" nichts anderes zu verstehen ist als ein „Wiederanbinden", d. h. das Wiederherstellen einer Bindung, die verlorengegangen war. Diese Bindung aber ist im Sinne des verbreiteten Religionsbegriffs die Bindung an Gott oder auch das Göttliche.

Bei Platon hat man in diesem Sinne Religiosität gefunden. Im Blick auf die Mysteriensprache des Dialogs „Phaidros" schreibt der bekannte Züricher Altphilologe und Kenner der griechischen Philosophie und Religion Walter Burkert: „Philosophische Erkenntnis und religiöses Erlebnis fallen zusammen."[192] Im gleichen Sinne äußerte sich auch der Marburger Neukantianer Paul Natorp in seinem Buch über die Platonische Ideenlehre, das ihn berühmt machte, bei Platon sei durch Religion, „das Ganze seiner Philosophie nicht bloß durchsetzt, sondern damit völlig eins"[193].

Bei Platon scheint also das religiöse Moment nicht schwer erkennbar zu sein. Das ist bei Lavelle anders, insofern er in seinen im strengen Sinne philosophischen Werken jeden Hinweis auf Religiöses vermeidet. Dennoch hat er in allerdings seltenen Stellungnahmen sich offen und klar zum Christentum bekannt, wie wir schon eingangs kurz erwähnt haben, und auch, wenngleich selten, den Gottesbegriff benutzt. In einem Brief an seinen italienischen Kollegen Michele Federico Sciacca (Genua) erklärt Lavelle zum Beispiel: „Wir bemühen uns um die Aufrechterhaltung oder die Wiederbelebung einer Philosophie, die als eine Philosophie Platonischen oder Cartesischen Geistes betrachtet werden kann und in welcher der Zusatz des Christentums die Hauptsache ist."[194] Ein anderes Beispiel findet sich in Lavelles Schrift „Über das Sein", das kurz nach Heideggers fragmentarischem Buch „Sein und Zeit" erschienen ist: „Es gibt nur zwei Philosophien, und man muß sich entscheiden zwischen ihnen: die des Protagoras, nach der der Mensch das Maß aller Dinge ist …, und die Platons, die ebenso die von Descartes ist, daß nämlich das Maß aller Dingen Gott ist und nicht der Mensch, ein Gott aber, der den Menschen an sich teilhaben läßt."[195] In diesem Satz bekennt sich Lavelle sowohl zu Platon als auch zum Gottesbegriff, den er zugleich mit seiner Partizipationsphilosophie verbindet, von der wir weiter oben gesprochen haben.

Gemeint ist natürlich der Gottesbegriff des Christentums mit seinem biblischen Hintergrund Exodus 3,14. Dieser Gottesbegriff steht bei Lavelle dann in unmittelbarem Zusammenhang mit dem Seinsbegriff. Dazu heißt es in der „Einführung in die Ontologie", daß Gott mit dem Sein identisch ist (was an Meister Eckharts These „esse est deus" erinnert): „Aus diesem Grunde kommt es nicht so sehr darauf an, daß man von Gott sagt, er sei; entscheidend ist vielmehr die Aussage, er sei das Sein. Gott ist zu definieren als der, der ist, oder besser noch, als der, der von sich sagen kann, ‚ich bin‘, denn er ist der Ursprung seines Seins oder die ‚causa sui‘; sein Wesen wird mit diesem Satz erschöpfend ausgesprochen."[196]

Mit dem Seinsgedanken sind wir im Zentrum der Philosophie Lavelles. In Ergänzung und zur Vertiefung seines Buches über das Sein hat er unter dem Titel „Die Gegenwart des Ganzen" (La présence totale), gemeint ist die Gegenwart des Seins, eine Reihe von Betrachtungen veröffentlicht, die den Seinsgedanken auch noch mit dem Lebensgedanken verbinden (womit wir dann zum Anfang dieses Kapitels zurückkehren). Zunächst wird betont, daß die nächsten Betrachtungen einen Akt des Vertrauens in das Denken und das Leben darstellten. Dazu heißt es: „Das Leben kann das Vertrauen in sich selbst nur dann wiedergewinnen, Ernst, Kraft und Freude nur dann erlangen, wenn es fähig ist, sich in ein Absolutes einzuordnen, das ihm niemals abgehen kann, da es ihm ja als Ganzes gegenwärtig ist ... Wir glauben also, daß auch der zaghafteste Gedanke und die bescheidenste Handlung ihren Ursprung, ihre Möglichkeit und ihren Wert aus einer Ontologie, oder wurzelhafter gesehen, aus einer Erfahrung des Seins schöpfen."[197] Der Begriff der Erfahrung des Seins ist ein Grundbegriff der Philosophie Lavelles und ein Schritt über Heidegger hinaus.[198]

5. Heidegger und Gadamer
über die Philosophie Platons

Die Platonische Philosophie findet im 20. Jahrhundert vor allem Beachtung bei den Philologen der klassischen Sprachen. Das gilt besonders dann, wenn zum altphilologischen ein philosophisches Interesse hinzukommt. Umgekehrt spielt bei der Beschäftigung philosophischer Denker mit Platon nicht selten auch ein Interesse zumindest an der Sprache der alten Griechen eine Rolle. Bei Heidegger und Gadamer, von denen in unserem letzten Kapitel über den Platonismus als treibende Kraft der abendländischen Philosophie die Rede sein wird, hat die griechische Philosophie in besonderem Maße Bedeutung.

Sowohl für Heidegger als auch für Gadamer ist ein Einfluß der Lebensphilosophie unverkennbar (dasselbe gilt ebenso schon für den französischen Philosophen Louis Lavelle, von dem im vorigen Kapitel gesprochen wurde). Gründer des lebensphilosophischen Denkens sind nach der fast einstimmigen Auffassung Nietzsche, Dilthey und Bergson. Von diesen war für den Hermeneutiker Gadamer vor allem Dilthey maßgebend, während Heidegger in „Sein und Zeit" stark unter dem Eindruck Bergsons stand, jedoch ebenso Diltheys Verstehensbegriff aufnahm (später wurde dann auch noch Nietzsche für Heideggers Denken wirksam).

Wir beginnen nun das letzte Kapitel des vorliegenden Buches und beschäftigen uns zunächst mit Heidegger.

I

Martin Heidegger (1889–1976) gilt fast allgemein als der bedeutendste und jedenfalls auch als der auffälligste deutsche Philosoph des 20. Jahrhunderts, der bald nach der Veröffentlichung der leider unvollendet gebliebenen Abhandlung „Sein und Zeit" Weltruhm erlangte. Als Sohn eines katholischen Küsters und Küfers im badischen Meßkirch geboren, studierte er zunächst Theologie, wandte sich aber dann der Philosophie zu, und zwar, anfänglich aus naheliegenden Gründen, zur scholastischen und damit zur aristotelischen Philosophie. Noch auf dem Gymnasium hatte Heidegger die Doktorarbeit aus dem Jahre 1862 von Franz Brentano, dem späteren

Lehrer Husserls, kennengelernt und studiert: „Von der mannigfachen Bedeutung des Seienden nach Aristoteles." In dieser Arbeit habe ihn erstmals die Frage nach dem Sein getroffen, bekennt Heidegger in einem später veröffentlichten Gespräch.[199] Jedenfalls steht Heidegger lange Jahre unter der Wirkung der Philosophie des Aristoteles, was sich dann noch weiterführt in den Jahren nach der Habilitation, in denen sich der junge Hochschullehrer mit Vorlesungen zur Philosophie des Aristoteles den ersten Ruhm unter Studenten und Kollegen erwirbt. Auch in den weiteren Jahren seiner akademischen Laufbahn verstärkt sich der Eindruck auf Hörer und Leser, daß Heidegger ein Aristoteliker sei.

Man darf aber nicht übersehen, daß dieser Aristoteliker sich ernsthaft um die Philosophie Platons bemüht. So hält er eindrucksvolle Vorlesungen über die Platonischen Dialoge „Sophistes" und „Philebos". Das trotz seiner Unabgeschlossenheit immer noch große und unvergeßliche Werk „Sein und Zeit" entzündet sich gleich zu Beginn an einem Zitat aus dem „Sophistes" (244A) und fährt danach fort: „Haben wir heute eine Antwort auf die Frage nach dem, was wir mit dem Wort ‚seiend' eigentlich meinen? Keineswegs. Und so gilt es denn, die Frage nach dem Sinn von Sein erneut zu stellen."[200] So verbindet sich also die das gesamte Heideggersche Denken tragende Seinsfrage mit einem aus dem Platonischen „Sophistes" zur Sprache gebrachten Thema. Das ist natürlich nur ein ganz oberflächlicher Blick auf das Wesen und die Geschichte des abendländischen Platonismus. Hier müssen wir weitergehen.

In dieser Absicht ist noch an andere Platonische Dialoge zu erinnern, die Heidegger in seinen Vorlesungen behandelt hat, so den „Theaitetos" und das „Höhlengleichnis" aus dem Dialog über den Staat, die „Politeia". Bemerkenswert ist hier die Marburger Vorlesung aus dem Sommersemester 1926, also ein Jahr vor dem Erscheinen von „Sein und Zeit". Heidegger war damals ganz erfüllt von der Thematik dieses frühen Hauptwerks. Daher ist immer wieder vom Sein und vom Seinsverständnis die Rede. Schon in den Vorbemerkungen wird die Philosophie als Wissenschaft vom Sein vor den positiven Wissenschaften als Wissenschaften vom Seienden unterschieden: „In der Tat, der gemeine Verstand und die gemeine Erfahrung versteht und sucht nur Seiendes. An ihm aber das Sein zu sehen und zu erfassen und gegen Seiendes zu unterscheiden, ist Aufgabe der unterscheidenden Wissenschaft, der Philosophie."[201]

Gegen solche seinsbezogene Aussagen zur Philosophie schlechthin fallen die der Platonischen Philosophie gewidmeten Partien doch ein wenig ab. Heidegger steht ganz auf dem damaligen Stand der verbreiteten Platondeutung, bei der als das Eigentliche in Platons Denken die Ideenlehre angesehen wurde. In einer Nachschrift der Vorlesung heißt es: „Man pflegt Platos Philosophie durch die Ideenlehre zu charakterisieren, nicht zufällig. Schon bei Aristoteles und in der platonischen Schule: ‚diejenigen, die von den Ideen lehren und handeln' … Das scheint etwas völlig Neues zu geben, und ist doch nur Ausdruck für dasselbe Problem: die Frage nach dem Sein selbst."[202] Heidegger beruft sich bei dieser Stelle auf die Auseinandersetzung des Aristoteles mit Platon (Metaphysik A 8), interpretiert den Text aber dann im Sinne der von ihm gestellten Seinsfrage. Etwas weiter erfahren wir noch etwas Näheres zum Begriff der Idee: „Die Idee ist für jede einzelne Gestaltung immer schon da, ist das Frühere und Beständige. Sie ist das Bleibende, Unveränderliche und daher für die Griechen das im strengen und einzigen Sinne Wißbare … Die Idee ist das … eigentlich Seiende, so seiend, wie es überhaupt nur sein kann. Das Sein des Seienden selbst ist hier notwendig als ein Seiendes genommen, notwendig auf dem Boden dieser Fragestellung."[203] Als Seiendes aber ist die Platonische Idee gerade kein Sein, wie Heidegger kurz zuvor klar getrennt hat. Daraus müßte man eigentlich schließen, daß die Ideenlehre nicht zur Philosophie gehört. Um beim Philosophischen bleiben zu können und vom Begriff des Seienden zum Seinsbegriff zu kommen, greift Heidegger auf einen anderen Platonischen Dialog zurück, nämlich auf den „Phaidros". Dort gibt es den Mythos vom „überirdischen Ort" (247 C). Darauf anspielend fährt Heidegger fort: „Das Sein aber ist nicht hier und dort unter dem Himmel, sondern an einem überhimmlischen Ort, … gehört nicht in den Bezirk des durch die Erfahrung zugänglichen Seienden, ist transzendent. Das Sein ist unterschieden von allem Seienden. Auf Grund dieses ‚krínein' gehört das Sein zur Aufgabe der kritischen Wissenschaft, der Philosophie."[204] Leider ist in Platons Mythos die Rede von dem „wahrhaft seienden Wesen", das an diesem überhimmlischen Ort wohne, der „ousía ontos ousa", also doch wieder ein Seiendes und nicht das Sein. Durch einen kühnen Sprung über den Text wird Heidegger mit dieser Schwierigkeit fertig.

Weit mehr will Heidegger in seiner Schrift „Platons Lehre von der Wahrheit" aus dem Jahr 1947.[205] Wir gehen auf diese wichtige Schrift, besonders für Heideggers Umgang mit der Platonischen Philosophie, ein wenig näher ein. Zunächst wird der Begriff der Lehre einigermaßen pathetisch erläutert: „Die ‚Lehre' eines Denkers ist das in seinem Sagen Ungesagte, dem der Mensch ausgesetzt wird, auf daß er sich dafür verschwende … Was da ungesagt bleibt, ist eine Wendung in der Bestimmung des Wesens der Wahrheit."[206] Kurz zuvor hatte Heidegger angekündigt, das in Platons Denken Ungesagte ans Licht zu heben. Anstelle einer dazu erforderlichen, aber unmöglichen Durcharbeitung aller Platonischen Dialoge wählt Heidegger die

Auslegung des Höhlengleichnisses der „Politeia", des Gesprächs über den Staat, der „Polis" (514A–517A). Von vornherein steht dabei allerdings fest, daß es um eine Wendung in der Bestimmung des Wesens der Wahrheit gehe. In Platons Text handelt es sich um die Frage nach dem Wesen der Erziehung, der „paideia", und der Unerzogenheit, der „apaideusia". Die Erörterung des Themas setzt ein mit einer Geschichte, einem Gleichnis zur Frage von Bildung und Unbildung. Das Platonische Gleichnis erzählt die Geschichte eines Erkenntnisaufstiegs, der nach Heidegger in vier Schritten oder Stufen vollzogen wird (ich überspringe die Einzelheiten der jedem philosophisch Interessierten bekannten Geschichte). Heidegger schildert diese Stufen, allerdings schon in vorgängigem Blick auf das anfänglich angesetzte Ungesagte. Die erste Stufe ist die Höhle und das Leben der dort gefangenen und gefesselten Menschen, die das von ihnen Gesehene für seiend und wahr halten (worin sich schon die Heideggersche Lösung ankündigt). Die zweite Stufe besteht in der Lösung eines Gefangenen von seinen Fesseln, so daß er jetzt die Dinge in der Höhle und sodann auch außerhalb der Höhle in ihrer Wahrheit und Wirklichkeit oder Seiendheit zu erkennen vermag. Die dritte schildert den mühevollen Aufstieg aus der Höhle ins Freie und bis zum Blick in die Sonne, die dann als Ursache für alles Erkennen und Sein erfaßt wird. Heidegger läßt als eine vierte Stufe den Befreiten dann wieder in die Höhle zurückführen und dabei Kritik von den dort Zurückgelassenen erleiden (wobei er bekanntlich an das Schicksal des Sokrates denkt).

Im Blick auf den Anfang der Heideggerschen Schrift ergibt sich für Platons Ungesagtes, daß das Ungesagte des Höhlengleichnisses für Heidegger aufgrund der von ihm gelieferten Interpretation der Wandel des Wesens der Wahrheit ist, nämlich die Verwandlung der Urteilswahrheit (Wahrheit als die Übereinstimmung von Urteil und Sache) zur Wahrheit als Unverborgenheit des Seienden geworden ist. Der natürliche Begriff einer Seinswahrheit hat den schönsten Ausdruck in Goethes Wort am Meer von Venedig über die Seeschnecken und Taschenkrebse gefunden: „Was ist doch ein lebendiges für ein köstliches, herrliches Ding! Wie abgemessen zu seinem Zustande, wie wahr, wie seiend!"[207] Dieser Wahrheitsbegriff steckt schon in der Etymologie des griechischen Wortes für Wahrheit: „a-letheia" bedeutet dem Wort nach „Un-verborgenheit" (eigentlich: Unvergessenheit).

Der dargestellte Wandel des Wahrheitsbegriffs ist nun für Heidegger von erheblicher Bedeutung. Er führt u. a. zu einem besonderen Philosophiebegriff (Philosophie werde Metaphysik: „Die Grundgestalt der Metaphysik macht Platon selbst in der Geschichte anschaulich, die das Höhlengleichnis erzählt"), ferner zu einem besonderen Begriff der Erziehung, sodann zur Entstehung des modernen Humanismus und schließlich sogar politisch zur Globalisierung, zur „in ihre neueste Neuzeit anrollenden Weltgeschichte des Erdballs".[208]

Das sind zweifellos interessante Themen, doch geht es uns um die Frage, wie Heidegger zum abendländischen Platonismus steht. Und hier zeigt sich schon an den wenigen Seiten des Höhlengleichnisses und ebenso in seinen berühmtgewordenen Auslegungen einzelner Dialoge, daß Heidegger zur Platonischen Philosophie ein recht distanziertes Verhältnis hat, nirgendwo identifiziert er sich mit ihr, nirgendwo übernimmt er einen zentralen philosophischen Gedanken Platons.

Dennoch hat sich Heidegger gewiß Verdienste um Platon erworben, einerseits durch seine Erläuterungen zu schwerverständlichsten Texten der Dialoge, andererseits durch die Anregungen, die er mit seinen Thesen den Philologen und Philosophen seiner Zeit gegeben hat. Einer von diesen war Gadamer. Von ihm soll jetzt die Rede sein.

II

Hans-Georg Gadamer (1900–2002) ist weitesten Kreisen bekanntgeworden durch sein umfangreiches Werk „Wahrheit und Methode" aus dem Jahre 1960, welches übrigens wie die Philosophie Lavelles und Heideggers mit der Lebensphilosophie in Verbindung steht, und insbesondere mit Wilhelm Dilthey.[209] Der große Erfolg dieses Werks hat das frühere Schaffen Gadamers fast in Vergessenheit geraten lassen. Gerade um dieses geht es aber, wenn wir über den abendländischen Platonismus nachdenken wollen.

Der junge Gadamer hatte ungewöhnlich breite Interessen. Nach dem Abitur im Jahre 1918 begann er in Breslau ein Studium der Germanistik, der Geschichte, der Kunstgeschichte und der Philosophie. Ein Jahr später entschied er sich endgültig für die Philosophie und ging dann nach Marburg. Dort traf er auf hervorragende Lehrer, vor allem auch auf den Neukantianer Paul Natorp, berühmt u. a. durch sein Buch über „Platos Ideenlehre" (erstmals 1903 erschienen, 1921 in zweiter Auflage mit wichtigen Ergänzungen). Bei Natorp promovierte Gadamer dann mit der Dissertation „Das Wesen der Lust in den platonischen Dialogen" (1922). Im nächsten Jahr kam Heidegger nach Marburg. Er war damals schon durch seine Vorlesungen berühmt, die auch auf Gadamer einen starken Eindruck machten. Nach ersten Kontakten hielt der vorsichtige junge Philosoph dennoch die Verbindungen aufrecht, die er zu Nicolai Hartmann, Richard Kroner und zu dem klassischen Philologen Paul Friedländer hatte, der damals an einem großen Werk über Platon arbeitete (zweibändig erschienen 1928–30). Als Heidegger erfuhr, daß Friedländer plante, Gadamer zu habilitieren (der kurz vorher bei diesem das Examen für altsprachliche Gymnasiallehrer abgelegt hatte), bot er ihm selbst die Habilitation in Marburg an. Da Heidegger es mit der Habilitation eilig hatte, weil er seiner Berufung nach Freiburg nachkommen mußte, durfte Gadamer 1928 als Habilitationsschrift eine Arbeit einreichen, die mit dem Thema seiner Doktorarbeit teilweise identisch war: „Interpretation des platonischen Philebus" (in welchem Dialog bekanntlich wieder das Thema der Lust erörtert wird). Zwei Jahre später erschien die Arbeit im Druck.[210] So war Gadamer durch Dissertation und Habilitation an die Platonische Philosophie verwiesen (wenngleich im Hintergrund, wie übrigens auch bei Heidegger, die Metaphysik, Physik und Ethik des Aristoteles stand und immer wieder zur Interpretation herangezogen wurde).

Auch in der Folgezeit hat Gadamer sich ständig weiter mit Platon beschäftigt, wobei er sich gelegentlich zu einzelnen Dialogen äußerte oder sich um die Herausgabe von Texten zur Ideenlehre bemühte (die Heidegger als Ausdruck von Seinsvergessenheit abgelehnt hatte) und zu einzelnen Fragen der Platonforschung Stellung nahm, etwa zum Verhältnis der Platonischen zur Aristotelischen Philosophie hinsichtlich der Idee des Guten[211] oder zur Echtheitsfrage des siebenten Briefes oder auch zu der von der Tübinger Schule in den Mittelpunkt der Platon-Interpretation gestellten „ungeschriebenen Lehre" Platons wie sie von Hans Krämer, Konrad Gaiser und Thomas Szlezák vertreten wird und die den Begriff des Guten durch den Begriff des Einen ersetzt haben will. Platon war und blieb in der Tat ein wesentliches Thema im Denken Gadamers.

Dennoch ist dieser bedeutende Platonkenner kein Platoniker. Sein Verhältnis zu Platon ist das des Wissenschaftlers und Gelehrten, wobei er allerdings die lange Geschichte des Platonismus, anders als etwa Werner Beierwaltes, nicht näher untersucht. Aber darauf kommt es in diesem Falle nicht an. Die Philosophie Platons ist eben nicht nur Sache der Wissenschaft. Sie ist vielmehr zuletzt und zutiefst Sache der geistigen Erfahrung und des durch die philosophische Erfahrung des Einen und des Seins verwandelten Lebens.

Nachwort

Mit Heidegger und mit Gadamer, dem der Verfasser noch persönlich begegnen und mit ihm diskutieren konnte, endeten unsere Darlegungen über Wege und Wesen des Platonismus als der lebendigen Mitte der abendländischen Philosophie. Das bedeutet indessen nicht, daß nunmehr ein Philosophieren im Sinne Platons seinen endgültigen Abschluß gefunden hätte. Platon hat der Philosophie ihren Namen gegeben, und so steht jede ernstzunehmende Philosophie mit ihm in einem Zusammenhang, dem Gründer schlechthin, auch wenn für manche Inhaber philosophischer Lehrstühle die resignierende Klage Hegels zutreffen sollte, „nur Philosophie gilt, die keine ist". Mit Recht beklagt der Marburger klassische Philologe Arbogast Schmitt, daß es heute trotz der üblichen Bewunderung und Hochschätzung für Platon doch in der Beziehung der Neuzeit und der Moderne zu ihm einen Bruch gegeben habe.[212]

Der Platonismus lebt heute weiter auf drei verschiedenen Ebenen: erstens auf der der philosophiehistorischen Forschung, wenn diese mehr sein will als irgendwelche Quisquilien bloßer klassisch-philologischer Gelehrsamkeit; zweitens auf der Ebene vertieften Nachdenkens über die Erfahrung des Einen und des Seins bei Platon und seiner Nachfolger; drittens auf der Ebene der Beschäftigung mit außereuropäischer Philosophie und Kultur, insbesondere der indischen und der chinesischen.

Was die philosophiehistorische Forschung angeht, so hat sich bei der Tübinger Schule mit ihren Hauptvertretern Hans Joachim Krämer und dem leider so frühverstorbenen Konrad Gaiser gezeigt (und grundsätzlich auch bei dem jetzigen Tübinger Ordinarius für klassische Philosophie Th. A. Szlezák), daß philosophisch eingestellte und ausgebildete Altphilologen durchaus in der Lage sind, in die letzten Tiefen des Platonischen Denkens einzudringen, und sich nicht gescheut haben, ihre Einsichten gegen einige zum Teil geradezu unglaubliche Anfeindungen aller Art immer wieder zur Diskussion zu stellen und zu verteidigen. Von allergrößter philosophischer Bedeutung war hier die Betonung des lange Zeit geradezu in Vergessenheit geratenen zentralen Begriffs des seienden Einen.

Zweitens also die Beschäftigung mit der philosophischen Erfahrung des Einen und des Seins. Wir stehen damit auf der Ebene der Gemeinsamkeit des abendländischen Philosophierens, dessen Wege manchmal weit voneinander abweichen, nicht selten sogar das Eigentliche verloren zu haben scheinen. Wahrer Platonismus im Sinne konsequenter Nachfolge der Philosophie Platons ist jedoch durch dreierlei ausgezeichnet: zunächst durch den Versuch, das philosophisch Erfahrene auch in Begriffe zu fassen und das Begriffene verständlich zu machen, nicht zuletzt noch durch Bilder und Vergleiche, wofür das Platonische Höhlengleichnis das unübertroffene Vorbild ist: die Platonische Noetik. Sodann gehört zum Platonismus die Erfahrung einer letzten und unüberbietbaren Erkenntnis, die weder durch die Sinne erfaßt noch durch den Verstand erschlossen, sondern als das schlechthin Wahre und Seiende erschaut wird: die Platonische Metaphysik. Schließlich führt diese Schauung der unverborgenen Wahrheit zu einer Verwandlung des Schauenden selbst. Wer wahrhaft das Eine geschaut hat, ist ein anderer geworden. Eine solche vertiefte Metaphysik trägt daher in sich eine Ethik. Sie bildet die Grundlage einer Platonischen Ethik, eines verwirklichten und gelebten Platonismus. Er eröffnet eine Wirklichkeit, welche die Oberflächlichkeit des Alltagsdenkens transzendiert und Zugang zu tieferen und festeren Bindungen auch im Gemeinschaftsleben ermöglicht. Auch auf dieser Ebene gibt es bereits einige neuere philosophische Ansätze.[213]

Eine dritte Ebene, auf welcher der Platonismus weiterleben wird, ist im Zeitalter der Globalisierung besonders wichtig geworden. Philosophie gibt es nämlich nicht nur in Europa, sondern auch in Asien, ganz besonders in Indien mit seiner Upanischadenphilosophie und in China im Taoismus des Laotse. Die Lehre vom Einen im Platonismus ist wie keine andere Philosophie Europas dem Einheitsdenken der Upanischaden und des Dao-de-ching nahegekommen. Je tiefer wir in unsere eigene Philosophie eindringen, desto mehr Verständnis werden wir für die große Philosophie Indiens und Chinas haben und die Freundschaft oder doch die Achtung ihrer Völker gewinnen.

Anmerkungen

1. Whitehead: Prozeß und Realität. Dt. Übersetzung Frankfurt am Main 1979, S. 91. Die englische Originalausgabe ist 1929 in Amerika erschienen.
2. A. a. O., S. 91 f.
3. Kobusch-Mojsisch: Platon in der abendländischen Geistesgeschichte. Neue Forschungen zum Platonismus. Darmstadt 1997.
4. Th. v. Scheffer: Die Philosophie Homers. München 1922; K. Riezler: Das Homerische Gleichnis und der Anfang der Philosophie. In: Die Antike 12 (1936), S. 253–271. Auch in: Um die Begriffswelt der Vorsokratiker. Hg. von H. G. Gadamer. Darmstadt 1968, S. 1–20.
5. O. Gigon: Der Ursprung der griechischen Philosophie von Hesiod bis Parmenides. 2. Aufl. Basel–Stuttgart 1968, S. 10.
6. W. Schadewaldt: Die Anfänge der Philosophie bei den Griechen. Frankfurt 1978, S. 317.
7. W. Jaeger: Die Theologie der frühen griechischen Denker. Stuttgart 1953, S. 114 und 125.
8. H. Fränkel: Dichtung und Philosophie des frühen Griechentums. 2. Aufl. München 1962, S. 417 f.
9. A. a. O.
10. Vgl. dazu H. Krings: Vom Anfang der Philosophie. Gedanken zu Parmenides. In: Interpretation der Welt. F. S. R. Guardini. Würzburg 1965, S. 17–31; K. Held: Heraklit, Parmenides und der Anfang von Philosophie und Wissenschaft. Berlin 1980, bes. 127 ff.
11. U. Hölscher: Anfängliches Fragen. Studien zur frühen griechischen Philosophie. Göttingen 1968, S. 129.
12. H. Fränkel, a. a. O., S. 419.
13. O. Gigon: Der Ursprung der griechischen Philosophie. 2. Aufl. Basel 1968, S. 10.
14. P. Ricœur: Zum Grundproblem der Gegenwartsphilosophie. In: Sinn und Sein. Hg. R. Wisser. Tübingen 1960, S. 62.
15. GW IV 141.
16. L. Lavelle: De l'Etre. Paris 1928, S. 11. Ferner: Introduction à l'Ontologie. Paris 1947, S. 9 f.; La présence totale. 3. Aufl Paris 1962, S. 27 ff. Vgl. dazu u. a auch meinen Aufsatz: Die Seinserfahrung in der Philosophie Louis Lavelles. In: Philos. Jahrbuch 72 (l964/65), S. 228–233.
17. Ansätze dazu finden sich zuletzt in den Studien von Karl Albert und Elenor Jain: Philosophie als Form des Lebens. Freiburg–München 2000; Die Utopie der Moral. Freiburg–München 2003; Leitkultur, Demokratie und Patriotismus. Bochum–Freiburg 2006.

18 Vgl. dazu die Dissertation von M. Stemich Huber: Heraklit. Der Werdegang des Weisen. Amsterdam–Philadelphia 1996, S. 35 ff.
19 Chr. Göbel: Griechische Selbsterkenntnis. Platon – Parmenides – Stoa – Aristipp. Stuttgart 2002, S. 3.
20 W. Jaeger: Die Theologie der frühen griechischen Denker. Stuttgart 1953, S. 141 und 136 f.
21 K. Held: Heraklit, Parmenides und der Anfang von Philosophie und Wissenschaft. Berlin–New York 1980, S. 127–210.
22 H. Fränkel: Wege und Formen frühgriechischen Denkens. 2. Aufl. München 1955, S. 248 Anm. 2.
23 Vgl. dazu auch die gründliche Dissertation von Martina Stemich Huber: Heraklit. Der Werdegang des Weisen. Amsterdam–Philadelphia 1996, S. 117–121, bes. 120 f.
24 Was heißt Philosophieren? München 1948, S. 79.
25 A. a. O., S. 80.
26 In: W. Brugger (Hg.): Philosophisches Wörterbuch. 13. Aufl. Freiburg 1967, S. 279.
27 Metaphysik und Geschichte. Berlin 1963, S. 12.
28 Einführung in die Philosophie. München 1953, S. 14.
29 Platon oder Pythagoras? In: Hermes 88 (1969), S. 172 f.
30 E. Heitsch: Platon. Phaidros. Göttingen 1993.
31 Begeisterung und göttlicher Wahnsinn. München 1962. Über den platonischen Dialog „Phaidros".
32 Vgl. dazu das Buch von Thomas A. Szlezák: Platon und die Schriftlichkeit der Philosophie. Berlin 1985.
33 O. Höffe (Hg.): Politeia. Berlin 1997.
34 Vgl. P. Marquard (Hg.): Die harmonischen Fragmente des Aristoxenos, S. 44.
35 Vgl. hierzu den Artikel von K. Flasch über das „Eine" im Historischen Wörterbuch der Philosophie. Bd. 2. Basel 1972, bes. Sp. 367 f.
36 Vgl. dazu den Artikel von J. Koch: Augustinischer und Dionysischer Neuplatonismus und das Mittelalter. In: Platonismus in der Philosophie des Mittelalters. Hg. von W. Beierwaltes. Darmstadt 1962, S. 317–342.
37 Epistolae I 612 (Basel 1576). Übersetzung nach K. von Montoriola. In: Briefe des Mediceerkreises. Berlin 1926, S. 147.
38 Darmstadt 1972.
39 Metaphysik I 6 (987a 29 ff.).
40 Platon in der abendländischen Geistesgeschichte. Darmstadt 1997.
41 Der Mittelplatonismus. Hg. Cl. Zintzen. Darmstadt 1981.
42 Alkinoos: Didaskalikos. Lehrbuch der Grundsätze Platons. Hg. von O. F. Summerell und Th. Zimmer. Berlin–New York 2007.
43 Apuleius: Platon und seine Lehre. Hg. und kommentiert von Paolo Siniscalco, eingeleitet und übersetzt von Karl Albert. St. Augustin 1981.
44 Vgl. dazu J. Pieper: Traktat über die Klugheit. München 1949.
45 Vgl. dazu D. Roloff: Gottähnlichkeit, Vergöttlichung und Erhöhung zu seligem

Leben. Untersuchungen zur Herkunft der platonischen Angleichung an Gott. Berlin 1970.
46 Die römische Literatur. 5. Aufl. Leipzig 1954, S. 98.
47 Die antike Kunstprosa, S. 600.
48 Der Stil des Apuleius von Madaura. Stuttgart 1927, S. 334.
49 Volkmann-Schluck: Plotin als Interpret der Ontologie Platos. Frankfurt a. M. 1941.
50 Arete bei Platon und Aristoteles. Heidelberg 1959, S. 515 f.
51 Vgl. dazu die umfassende Studie von W. Beierwaltes: Denken des Einen. Studien zur neuplatonischen Philosophie und ihrer Wirkungsgeschichte. Frankfurt a. M. 1985 sowie die Habilitationsschrift von Fritz-Peter Hager: Der Geist und das Eine. Untersuchungen zum Problem der Wesensbestimmung des höchsten Prinzips als Geist oder als Eines in der griechischen Philosophie. Bern und Stuttgart 1970.
52 Vernunft und Katharsis bei Plotin. München 1962, S. 62.
53 Plotin. Einführung in sein Philosophieren. Freiburg 1973, S. 64.
54 Vgl. dazu Jens Halfwassen: Der Aufstieg zum Einen. Untersuchungen zu Platon und Plotin. Stuttgart 1992.
55 W. Beierwaltes: Platonismus und Idealismus. Frankfurt a. M. 1972, S. 83–153; ders.: Denken des Einen. Frankfurt a. M. 1985, S. 38–192.
56 Vgl. dazu H.-R. Schlette: Albert Camus' philosophische Examensschrift „Christliche Metaphysik und Neuplatonismus". In: Aporie und Glaube. München 1970, S. 152-162; M. Lauble: Vom Evangelium zur Metaphysik. Über Albert Camus' philosophische Examensschrift. In: Der unbekannte Camus. Düsseldorf 1979, S. 36–73.
57 Hochzeit des Lichts. Zürich 1954, S. 45 ff.
58 Proklos. Grundzüge seiner Metaphysik. Frankfurt a. M. 1965.
59 Hegel und Proklos. In: Platonismus und Idealismus. Frankfurt a. M. 1972, S. 154–187.
60 A. a. O., S. 154.
61 Proklos: Elemente der Theologie. Remscheid 2004, S. 9 (Philosophie im Kontext. Hg. St. Grätzel. Bd.10).
62 Zurbrügg: Enchiridion – Handbuch. Remscheid 2005, S. 7.
63 Schopenhauer: WW II Hübscher, S. 48 f.
64 Beierwaltes: Proklos, S. 24.
65 Vgl. dazu Bartholomay: Proklos. Kommentar zu Platons Parmenides 141E–142A. St. Augustin 1990.
66 A. a. O., S. 75.
67 A. a. O., S. 75 f.
68 Vgl. dazu Martin Grabmann: Die Proklosübersetzungen des Wilhelm von Moerbeke und ihre Verwertung in der lateinischen Literatur des Mittelalters. In: Mittelalterliches Geistsleben II 413–423.
69 J. Koch: Platonismus im Mittelalter. Krefeld 1948; W. Beierwaltes (Hg.): Platonismus in der Philosophie des Mittelalters. Darmstadt 1969.

70 H. Rausch: Hierarchia. In: Hist. Wörterbuch der Philosophie. Bd. III. Basel 1974, Sp. 1124 und Anm. 1, Sp. 1125.
71 Zum Sprachstil des Verfassers beziehe ich mich insbesondere auf die Bemerkungen von J. Stiglmayr in der Einleitung zu seiner Übersetzung der Schriften über die himmlische und die kirchliche Hierarchie in der „Bibliothek der Kirchenväter". Kempten und München 1911, S. XVIII–XXI.
72 K. Flasch: Das philosophische Denken im Mittelalter. Stuttgart 1986, S. 80 f.
73 Vgl. dazu etwa R. Berlinger: Der Name Sein. Prolegomena zu Augustins Exodusmetaphysik. In: Wirklichkeit der Mitte (FS A. Vetter). Freiburg 1968, S. 80–94).
74 A. a. O., S. 82.
75 En. In Ps. 38,7.
76 L'ésprit de la philosophie médiévale. Paris 1948, S. 50 u. Anm. 1.
77 Windelband/Heimsoeth: Lehrbuch der Geschichte der Philosophie. 15. A. Tübingen 1957, S. 237 ff.
78 Vgl. dazu aber W. Geerlings: Libri Platonicorum. Die philosophische Bildung Augustins. In: Platon in der abendländischen Geistesgeschichte. Hg. von Th. Kobusch/B. Mojsisch. Darmstadt 1997, S. 60–70.
79 De vera religione 39, 72: Noli foras ire. In te ipsum redi. In interiore homine habitat veritas.
80 Darmstadt 1962 (Wege der Forschung V).
81 Vgl. dazu u. a. H. Leisegang: Der Ursprung der Lehre Augustins von der Civitas Dei. In: Archiv für Kulturgeschichte 16 (1926), S. 127–158.
82 De civ. dei II 21 u. a. m.
83 Vgl. dazu H. Fuchs: Augustin und der antike Friedensgedanke. Berlin 1926.
84 Herkunft und Sinn der Civitas-Lehre Augustins (In: Augustinus Magister. Paris 1954, S. 971).
85 Ph. Böhner und E. Gilson: Christliche Philosophie von ihren Anfängen bis Nikolaus von Kues. 2. Aufl. Paderborn 1954, S. 233.
86 Saint-Exupéry: Flug nach Arras. Dt. Übersetzung Hamburg 1956, S. 136.
87 Gilson-Böhner: Christliche Philosophie von ihren Anfängen bis zu Nikolaus von Cues. 2. Aufl. Paderborn 1954, S. 162.
88 Zürich 1962.
89 A. a. O., S. 381. 383.
90 A. a. O., S. 401.
91 J. Koch: Augustinischer und Dionysischer Neuplatonismus und das Mittelalter. Wir zitieren den Aufsatz nach dem Neudruck in dem von W. Beierwaltes herausgegebenen Sammelband: Platonismus in der Philosophie des Mittelalters. Darmstadt 1969, S. 317–342.
92 J. Hirschberger: Geschichte der Philosophie. Bd. I. 8. Aufl. Freiburg 1965, S. 553.
93 Koch, a. a. O., S. 311.
94 A. a. O., S. 324.
95 Es gibt inzwischen auch eine deutsche Übersetzug, die wir der Altphilologin Ingeborg Zurbrügg verdanken: Proklos: Elemente der Theologie. Remscheid

2004. Die Übersetzerin hat noch kurz vor ihrem tragischen Tode ein Handbuch: „Zur Erläuterung, Kommentierung und Vertiefung der Übersetzung der Elemente de Theologie des Proklos" herausgebracht. Remscheid 2005.
96 Fidora-Niederberger: Von Bagdad nach Toledo. Das „Buch der Ursachen" und seine Rezeption im Mittelalter. Mainz 2001.
97 Vgl. dazu Karl Albert: Meister Eckharts These vom Sein. Untersuchungen zur Metaphysik des Opus tripartitum. Ratingen 1976.
98 Quaest 1, n.4 LW 5, 41,13 f.
99 A. a. O. 40,8 f. (Non autem dixit evangelista: In principio erat ens et deus erat ens).
100 A. a. O., 40,9 f.
101 A. a. O., 42,1 f.: assumo ... quod intelligere est altius quam esse et est alterius condicionis.
102 Vgl. dazu auch weiter oben den ersten Abschnitt unseres Kapitels „Platonismus bei Augustinus".
103 Koch, a. a. O., S. 324.
104 Vgl. den Artikel „Eine (das), Einheit" im „Historischen Wörterbuch der Philosophie", Bd. 2. Basel 1972, S. 367 u. Anm. 4.
105 Zur Phänomenologie der Erfahrung der Seinseinheit vgl. auch K. Albert: Die ontologische Erfahrung. Ratingen 1974, S. 140–150. Jetzt in: ders.: Philosophie der Philosophie. Sankt Augustin 1988, S. 144–157.
106 Volkmann-Schluck: Die Philosophie im Übergang vom Mittelalter zur Neuzeit. Frankfurt a. M. 1957.
107 Flasch: Nikolaus von Kues in seiner Zeit. Stuttgart 2004; Nikolaus von Kues. Geschichte einer Entwicklung. Frankfurt a. M. 1998.
108 Jacobi (Hg.): Freiburg–München 1979.
109 In: Platon in der abendländischen Geistesgeschichte. Hg. von Th. Kobusch und B. Mojsisch. Darmstadt 1997, S. 134–141, hier S. 135 f.
110 Volkmann-Schluck, a. a. O., S. 4 f.
111 In der dreibändigen zweisprachigen Ausgabe der „Philosophisch-theologischen Schriften" des Cusanus (Wien 1964–67) geben Dietlind und Wilhelm Dupré die „docta ignorantia" mit „wissendem Wissen" wieder. Wir zitieren nach dieser Ausgabe.
112 So M. de Gandillac: Nikolaus von Kues zwischen Platon und Hegel. In: Mitteilungen und Forschungsbeiträge der Cusanus-Gesellschaft 11 (1975), S. 21–38.
113 In der Einleitung zu „De beryllo".
114 Zur Geschichte des Begriffs vgl. den Artikel „Pantheismus" von W. Schröder im Historischen Wörterbuch der Philosophie. Bd. 7. Darmstadt 1989, Sp. 59–64.
115 Flasch: Einführung in die Philosophie des Mittelalters. Darmstadt 1987, S. 181–195.
116 A. a. O., S. 190.
117 Flasch: Die Metaphysik des Einen bei Nikolaus von Kues. Leiden 1973, S. XI.
118 W. Burkert: Platon oder Pythagoras? Zum Ursprung des Wortes Philosophie. In: Hermes 88 (1969), S. 159–177.

119 Ergänzende und korrigierende historisch-philologische Stellungnahmen zum Platonismus bei Nikolaus von Kues finden sich in der ausgezeichneten vierbändigen Ausgabe der „Philosophisch-theologischen Werke" des Meiner-Verlages, Hamburg 2002.
120 Die Schriften Plethos sind erstmals abgedruckt und gesammelt in der Patrologia Graeca (PG). Bd. 160 bei Migne, Paris 1866.
121 Vgl. dazu auch die neue zweisprachige und kommentierte Ausgabe von Paul Richard Blum. Hamburg 1984.
122 Kristeller: Die Philosophie des Marsilio Ficino. Frankfurt a. M. 1972.
123 Epistolae I, 612 (Basel 1576). Übersetzung nach K. v. Montoriola (= K. P. Hasse). In: Briefe des Mediceerkreises. Berlin 1926, S. 147.
124 Gerl: Einführung in die Philosophie der Renaissance. Darmstadt 1989, S. 58.
125 Kristeller, a. a. O., S. 15.
126 A. a. O.
127 In: Platon in der abendländischen Geistesgeschichte. Hg. von Th. Kobusch und B. Mojsisch. Darmstadt 1997, S. 142–154.
128 A. a. O., S. 141 f. (Marsilio Ficino und der Platonismus der Renaissance).
129 A. a. O., S. 145–147.
130 A. a. O., S. 147–151.
131 Ficino: Über die Liebe oder Platons Gastmahl. Hg. P. R. Blum. Hamburg 1984, S. 265 ff.
132 A. a. O., S. 151–154, hier S. 151.
133 Blum: Philosophieren in der Renaissance. Stuttgart 2004, S. 72–88.
134 A. a. O., S. 74.
135 Vgl. dazu G. Schulemann: Die Lehre von den Transzendentalien in der scholastischen Philosophie. Leipzig 1929.
136 P. R. Blum, a. a. O., S. 77.
137 A. a. O.
138 A. a. O., S. 163–178.
139 A. a. O., S. 163.
140 Theologia Platonica 14, 8: omnes non modo, ut caetera faciunt cuncta, se diligunt et tuentur, vermetiam colunt seipsos magnopere et quasi quaedam numina venerantur. Vgl. Blum: a. a. O., S. 164.
141 Blum, a. a. O., S. 165.
142 A. a. O., S. 167.
143 Cassirer: Die platonische Renaissance in England und die Schule von Cambridge. Berlin–Leipzig 1932, S. 30.
144 De corpore I, c. 1. Vgl. dazu W. Röd: Thomas Hobbes. In: Klassiker der Philosophie. Bd. I. Hg. Otfried Höffe. München 1981, 280–300. Hier: S. 287.
145 Rogers: Die Cambridge-Platoniker und das neue Wissen. In: Platon in der abendländischen Geistesgeschichte. Hg. von Th. Kobusch und B. Mojsisch. Darmstadt 1997, S. 155–169.
146 Vgl. dazu u. a. auch K. Albert: Descartes und die Philosophie der Moderne. Dettelbach 2000, S. 30 bis 59.

147 Hutin: Henry More und die Cambridger Platoniker. In: Gnosis und Mystik in der Geschichte der Philosophie. Hg. von P. Koslowski. Zürich und München 1988, S. 168–182. Hier: S. 169.
148 Hutin, a. a. O., S. 171.
149 Vgl. dazu Kapitel 1 des vorliegenden Buches.
150 Hutin, a. a. O., S. 171.
151 Rogers: Die Cambridger Platoniker und das neue Wissen. In: Platon in der abendländischen Geistesgeschichte. Hg. Th. Kobusch und B. Mojsisch. Darmstadt 1997, S. 159–169. Hier: S. 166.
152 Hager: Aufklärung, Platonismus und Bildung bei Shaftesbury, Bern–Stuttgart–Wien 1993.
153 Vgl. dazu auch Hager: Der Geist und das Eine. Untersuchungen zum Problem der Wesensbestimmung des höchsten Prinzips als Geist oder als Eines in der griechischen Philosophie. Bern und Stuttgart 1970.
154 Hager: Aufklärung, Platonismus und Bildung bei Shaftesbury, S. 144.
155 A. a. O., S. 164 ff.
156 Pieper: Begeisterung und göttlicher Wahnsinn. Über den platonischen Dialog „Phaidros". München 1962.
157 Beierwaltes: Platonismus und Idealismus. Frankfurt am Main 1972.
158 B. Mojsisch und O. F. Summerell (Hg.): Platonismus im Idealismus. Die platonische Tradition in der klassischen deutschen Philosophie. München und Leipzig 2003.
159 W. Weischedel (Hg.): Kants Werke Bd. III. Wiesbaden 1958, S. 377–396.
160 A. a. O., S. 378.
161 A. a. O., S. 382.
162 Vgl. dazu K. Albert: Die ontologische Erfahrung. Ratingen 1074, S. 93–100.
163 In: Sein und Werden im Lichte Platons. (Hg.): E. Jain–St. Grätzel. Freiburg–München 2001 (FS Karl Albert).
164 Vgl. dazu W. Beierwaltes: Platonismus und Idealismus. Frankfurt a. M. 1972, S. 100–143.
165 Hegel: Sämtliche Werke (Glockner) XVII 76.
166 Beierwaltes: Platonismus und Idealismus. Frankfurt a. M. 1972, S. 144.
167 Vgl. dazu Beierwaltes: Hegel und Proklos. In: Beierwaltes: Platonismus und Idealismus. Frankfurt a. M. 1972, S. 154–187. Ferner zum ganzen Kapitel: Klaus Düsing: Hegel und die Geschichte der Philosophie. Darmstadt 1983, S. 132–159, bes. 151–159.
168 Näheres dazu in dem Aufsatz von Johann Kreuzer: Hölderlins Kritik der intellektuellen Anschauung. Überlegungen zu einem Platonischen Motiv. In: Platonismus im Idealismus. Hg. von B. Mojsisch und O. F. Summerell. München–Leipzig 2003, S. 119–137.
169 Vgl. dazu auch O. Pöggeler: Philosophie im Schatten Hölderlins. In: Der Idealismus und seine Gegenwart. Hg. von U. Guzzoni, B. Rang, L. Siep. Hamburg 1976, S. 361–377. Hier: S. 363.
170 Vgl. Ernst Cassirer: Hölderlin und der deutsche Idealismus. In: ders.: Idee und

Gestalt. Darmstadt 1975, S. 115–155, bes. S. 148. Ferner: Norbert Miller: Europäischer Philhellenismus zwischen Winckelmann und Byron. S. 315–366. Hier: S. 347 ff.

171 Vgl. dazu den kleinen Aufsatz von Kl. Hammacher: Platon bei Jacobi. In: Platon in der abendländischen Geistesgeschichte. Hg. von Th. Kobusch und B. Mojsisch. Darmstadt 1997, S. 183–192.

172 O. F. Bollnow: Die Lebensphilosophie F. H. Jacobis. Stuttgart 1933. Zum Begriff der Lebensphilosophie vgl. auch K. Albert: Lebensphilosophie. Von den Anfängen bei Nietzsche bis zu ihrer Kritik bei Lukács. Freiburg–München 1995.

173 K. Albert: Wesen und Wirken der Philosophie. Gedanken zu einem Wort F. H. Jacobis. In: ders.: Philosophie der Philosophie. St. Augustin 1988, S. 553–562.

174 Vgl. dazu auch die Zusammenfassung bei Hammacher: Platon bei Jacobi, S. 192.

175 Jetzt in Max Scheler: Gesammelte Werke Bd. III. Bern und München 1955, S. 311–339.

176 Ecole: La métaphysique de l'Etre dans la philosophie de Louis Lavelle. Louvain–Paris 1957. Vgl. dazu auch K. Albert: Zur Metaphysik Lavelle Bonn 1975; ders.: Lavelle und die Philosophie des 20. Jahrhunderts. Dettelbach 1997.

177 In: Les nouvelles littéraires (19. 2. 1938).

178 Lavelle: Panorama des doctrines philosophiques. Paris 1967, S. 74.

179 Lavelle: Psychologie et spiritualité. Paris 1967, S. 23.

180 Vgl. dazu auch De Waelhens, A: Une doctrine de la participation. L'actionisme de Lavelle. In: Revue néoscolastique de philosophie 42 (1939), S. 213–229; Berger, G.: Le temps et la partcipation dans l'œuvre de Louis Lavelle. In: Giornale de metafisica 7 (1952), S. 451–460; Pucelle, J.: Une philosophie de la participation: Louis Lavelle. In: Histoire de la philosophie européenne. Hg. von A. Weber und D. Huisman. Teil 2: Paris 1957, S. 269–272; B. Sargi: La participation à l'Etre dans la philosophie de Louis Lavelle.

181 Lavelle: Traité des valeurs. Bd. I. Paris 1950, S. 305.

182 Vgl. dazu auch meine zweisprachige Ausgabe der Lavelleschen „Introduction à l'ontologie". Köln 1970.

183 Lavelle: Panorama des doctrines philosophiques. Paris 1967, S. 82.

184 A. a. O., S. 79.

185 A. a. O.

186 Vgl. dazu besonders den von J. Wippern herausgegebenen Sammelband: Das Problem der ungeschriebenen Lehre Platons. Beiträge zum Verständnis der Platonischen Prinzipienphilosophie. Darmstadt 1972.

187 Vgl. dazu Krämer: Arete bei Platon und Aristoteles. Zum Wesen und zur Geschichte der platonischen Ontologie. Heidelberg 1959.

188 Lavelle: Panorama des doctrines philosophiques, S. 79 f.

189 A. a. O., S. 80 f.

190 Vgl. dazu auch das Platonkapitel bei K. Albert: Mystik und Philosophie. St. Augustin 1986, S. 70–83.

191 Die Theologie der frühen griechischen Denker. Darmstadt 1964, S. 87.
192 Burkert: Griechische Religion der archaischen und klassischen Epoche. Stuttgart 1977, S. 477.
193 Natorp: Platos Ideenlehre. 3. Aufl. Leipzig 1922, S. 509.
194 Sciacca: Dal mio carteggio con Louis Lavelle. In: Giornale di metafisica 7 (1952), S. 486–500.
195 Lavelle: De l'Etre. Paris 1928.
196 Lavelle: Einführung in die Ontologie. Köln 1970, S. 110 f.
197 Ders.: Die Gegenwart und das Ganze. Düsseldorf 1952, S. 13.
198 Vgl. dazu auch K. Albert: Zur Metaphysik Lavelles. Bonn 1975.
199 Heidegger: Unterwegs zur Sprache. Pfullingen 1959, S. 92 f.
200 Heidegger: Sein und Zeit. Halle 1927, S. 1.
201 GA 22: Die Grundbegriffe der antiken Philosophie. Frankfurt a. M., S. 7.
202 A. a. O., S. 252 (Nachschrift Mörchen).
203 A. a. O., S. 253.
204 A. a. O. Vgl. aber auch die stichwortartige Wiederholung, S. 98: „Idee. Interpretation des Seienden auf sein Sein. Ideenlehre ist Ontologie".
205 Platons Lehre von der Wahrheit. Bern 1947.
206 Platons Lehre von der Wahrheit, S. 5.
207 Goethe: WW 11, 93.
208 A. a. O., S. 48–50.
209 Gadamer: Wahrheit und Methode. Tübingen 1960. Vgl. dazu auch den Sammelband: Seminar: Philosophisches Hermeneutik. Hg. von H.-G. Gadamer und G. Boehm.
210 Platons dialektische Ethik. Phänomenologische Interpretationen zum Philebos. Leipzig 1931.
211 Gadamer: Die Idee des Guten zwischen Platon und Aristoteles. Heidelberg 1978.
212 A. Schmitt: Die Moderne und Platon. Stuttgart–Weimar 2003, S. 1 ff.
213 Vgl. dazu Elenor Jain und Stephan Grätzel: Sein und Werden im Lichte Platons. FS Karl Albert. Freiburg–München 2001; K. Albert: Die Lebensbedeutung der Metaphysik. In: Metaphysik und Moderne. FS Cl.-A. Scheier. Hg. von D. Westerkamp und A. von der Lühe. Würzburg 2007, S. 31–40.

Namenregister

Abaelard 64
Agathon 29, 120
Alarich 74
Albert, Karl 133, 134, 137, 139, 140, 141
Albinos (Alkinoos) 41, 46, 134
Ammonios Sakkas 48, 49
Andresen, Carl 74
Androklos 20
Aphrodite 31
Apollon 42
Apuleius 41–47, 135
Archilochos 21
Ariston 42
Aristoteles 7, 9, 13, 38, 39, 44, 79, 82, 86, 96, 107, 116 f., 117, 121, 125, 130
Aristoxenos 38
Arnold, Gottfried 64
Artaxerxes 42
Artemis 42
Augustinus 55, 77, 71–77, 78, 81, 91

Bacon, Francis 102
Bartholomai, Rainer 59, 135
Behler, Ernst 9
Beierwaltes, Werner 55, 56, 58, 109, 112, 114, 130, 134, 135, 139
Bekker, (August) Immanuel 9
Bergson, Henri 55, 118, 125
Berlinger, Rudolph 72, 136
Bernhard, M. 47
Blum, Paul Richard 99 f., 101, 102, 138
Boethius 70
Böhme, Jakob 77, 104, 136
Bollnow, Otto Friedrich 140
Brentano, Franz 125 f.
Brugger, Walter 134
Bruno, Giordano 111
Burkert, Walter 29, 123, 137, 141

Camus, Albert 55
Cassirer, Ernst 102, 106, 138, 139 f.
Cavalcanti, Giovanni 96
Colli, Giorgio 9
Cherniss, Harold 39
Chuang-tse 50

Cicero, Marcus Tullius 71, 74, 75, 104
Cosimo de' Medici 95, 96
Courcelle, Pierre 74
Cudworth, Ralph 105 f.

Demeter 20
Demokrit 105
Descartes (Cartesius), René 11, 119, 123
De Waehlens, Alphonse 140
Diels, Hermann 9, 14, 20, 21, 22, 24, 25, 129
Dike 14
Dilthey, Wilhelm 9, 118, 125
Diogenes Laertios 21, 24, 38
Dionysius Areopagita 55, 63–70, 78, 81, 83, 88, 89
Diotima 29, 33, 108
Dupré, Dietlind 137
Dupré, Wilhelm 137
Düsing, Klaus 139

Ecole, Jean 118, 140
Eckhart, Meister 9, 52, 55, 57 f., 60, 78–84
Epikur 105
Eros 29, 31 f.
Eukleides von Megara 38

Fichte, Johann Gottlieb 9, 109, 110 f., 114, 116, 117
Ficino, Marsilio 39, 55, 95–101, 138
Fidora, Alexander 79, 137
Flasch, Kurt 70, 83 f., 85, 90, 134, 136, 137
Fraenkel, Hermann 15, 18, 24, 133, 134
Frank, Erich 74
Friedländer, Paul 129 f.
Frings, Manfred S. 9
Fuchs, H. 136

Gadamer, Hans-Georg 9, 125, 129 f., 139, 141
Gaiser, Konrad 39, 65, 121, 130, 131
Gandillac, Maurice de 137
Garrido Luceño, José María 50
Geerlings, Wilhelm 136

Namenregister

Gerl, Hanna Barbara 97, 102, 138
Gigon, Olof 13, 19, 133
Gilson, Etienne 72, 77, 136
Glockner, Hermann 9, 113
Göbel, Christian 22, 134
Goethe, Johann Wolfgang 9, 53, 55, 108, 115, 128, 141
Gordian 48
Grabmann, Martin 135
Grätzel, Stephan 139, 141
Guardini, Romano 133
Guzzoni, Ute 139

Hager, Fritz-Peter 106 f., 135, 139
Halfwassen, Jens 135
Hammacher, Klaus 140
Harder, Richard 49
Hartmann, Nicolai 129
Hegel, Georg Wilhelm Friedrich 9, 26, 55, 56, 63, 85, 87, 111, 112–114, 117, 131, 135, 139
Heidegger, Martin 19, 23, 39, 86, 118, 124, 125–130, 141
Heimsoeth, Heinz 136
Heitsch, Ernst 34, 134
Held, Klaus 24, 133, 134
Hendrikx, Ephraem 74
Henry, Paul 74
Heraklit 8, 13, 19, 20–26, 27, 49, 113
Herder, Johann Gottfried 108, 115
Hermes Trismegistos 105
Herodot 13, 21
Hesiod 13, 21, 27
Hilduin 64
Hirschberger, Johannes 78, 136
Hobbes, Thomas 102 f., 106, 107
Höffe, Otfried 35, 134, 138
Hölderlin, Friedrich 111, 114 f.
Hölscher, Uvo 16, 133
Homer 13, 21, 27
Hübscher, Arthur 9
Huisman, D. 140
Husserl, Edmund 126
Hutin, Serge 104 f., 139

Iris 31
Iamblichus 72

Jacobi, Friedrich Heinrich 9, 116
Jacobi, Klaus 85, 137
Jaeger, Werner 15, 23, 123, 133, 134
Jain, Elenor 9, 133, 139, 141
Janke, Wolfgang 111
Jaspers, Karl 28, 118

Justinian 56

Kaltenbrunner, Gerd Klaus 64
Kant, Immanuel 9, 109 f., 117
Klibansky, Raimund 59
Kobusch, Theo 8, 39, 133, 136, 137, 138, 139, 140
Koch, Josef 63, 78 f., 81, 83, 134, 135, 136, 137
Kodros 20, 42
Köppen, Friedrich 9
Koslowski, Peter 139
Kraemer, Hans (Joachim) 39, 49, 65, 121, 122, 130, 131, 140
Kranz, Walther 9, 20, 21, 22, 24, 25
Kreuzer, Johann 139
Krings, Hermann 133
Kristeller, Paul Oskar 96, 97, 138
Kyros 42

Laktanz 123
Lao-tse 50
Lassalle, Ferdinand 26
Lauble, M. 135
Lavelle, Louis 11, 110, 118–124, 125, 129, 133, 140, 141
Leisegang, Hans 136
Leukipp 105
Locke, John 103, 107
Lotz, Johannes Baptist 28
Ludwig der Fromme 64
Lühe, Astrid von der 141
Lukas 65 f.

Mahoney, Edvard P. 98 f.
Mani 77
Marius Victorinus 72
Maritain, Jacques 118
Marquard, Odo 134
Marx, Karl 50
Maximus Confessor 70
Michael der Stammler 64
Migne, Jacques-Paul 65
Miller, Norbert 140
Moira 14
Mojsisch, Burkhard 8, 39, 85, 133, 136, 137, 138, 139, 140
Montinari, Mazzino 9
Montoriola, K. von 134, 138
More, Henry 104
Moreau, Joseph 119
Moses 67, 79. 105

Natorp, Paul 123, 129, 141

Niederberger, Andreas 79, 137
Nietzsche, Friedrich 9, 18, 21 f., 23, 26, 118, 135
Nikolaus von Kues 55, 85–91
Noailles, Anne de 118
Norden, Eduard 46 f.
Novalis 55

Parmenides 8, 9, 13–19, 20, 21, 27, 42, 49, 113
Paulus 63, 69
Péguy, Charles 118
Penia 31 f.
Periktione 42
Pieper, Josef 28, 108, 134, 139
Platon passim
Plethon, Georgios Gemistos 96, 99, 137
Plotin 9, 18, 41, 47, 48–55, 56, 59, 60, 72, 78, 95, 98, 104, 107, 111, 112, 114, 117, 134
Pöggeler, Otto 139
Poros 31 f.
Porphyrios 48, 49, 72
Proklos 55, 56–60, 64, 69, 70, 78 f., 82, 85, 114, 135
Protagoras 123
Pucelle, Jean 140
Pythagoras 28, 97, 105

Raffael 7, 43
Ratzinger, Joseph 75
Rausch, Hannelore 68, 136
Ricœur, Paul 19, 133
Röd, Walter 138
Rogers, Graham A. J. 104, 106, 138, 139
Roloff, Dietrich 134 f.
Roth, Friedrich 9
Rouault, Georges 118

Saint-Exupéry, Antoine de 76 f.
Sargi, Bechara 140
Sartre, Jean-Paul 118
Schadewaldt, Wolfgang 14, 133
Scheffer, Thassilo von 133
Scheier, Claus-Artur 141
Scheler, Maria 9
Scheler, Max 9, 118, 146
Schelling, Friedrich Wilhelm 55, 109, 114, 117
Schiller, Friedrich 108, 114
Schlegel, Friedrich 9

Schleiermacher, Friedrich 26, 39
Schlette, Heinz Robert 135
Schmitt, Arbogast 131, 141
Schopenhauer, Arthur 9, 58, 117, 135
Schröder, Winfried 137
Schubert, Venanz 51, 55
Schulemann, G. 138
Scicca, Michele Federico 123, 141
Sertillanges, Antonin Dalmace 118
Shaftesbury, Antony Ashley Cooper 106 ff.
Siep, Ludwig 139
Siniscalco, Paolo 134
Sokrates 29, 30 f., 38, 39, 43, 70, 85 f., 87, 90, 97, 120
Solon 42
Sorel, George 118
Stemich Huber, Martina 134
Stiglmayr, Joseph 136
Summerell, Orrin F. 41, 134, 139
Szlezák, Thomas Alexander 121, 130, 131, 134

Tauler, Johannes 60
Thaumas 31
Themis 14
Thomas von Aquin 28, 80
Tillich, Paul 19
Timotheus 66

Valla, Laurentius 64
Volkmann-Schluck, Karl-Heinz 28, 48, 85, 86, 87, 90, 135, 137

Weischedel, Wilhelm 9, 139
Wenck zu Herrenberg, Johannes 89 f.
Westerkamp, Dirk 141
Whichcote, Benjamin 104
Whitehead, Alfred North 7 f., 27, 39, 133
Wilhelm von Moerbeke 60
Winckelmann, Johann Joachim 115
Windelband, Wilhelm 136
Wippern, Jürgen 39, 140

Xenophanes 27
Xenophon 42

Zenon (von Elea) 42
Zimmer, Thomas 41, 134
Zintzen, Clemens 41, 134
Zurbrügg, Ingeborg 57, 135, 136 f.